ALBANÊS

VOCABULÁRIO

PORTUGUÊS BRASILEIRO

PORTUGUÊS
ALBANÊS

Para alargar o seu léxico e apurar
as suas competências linguísticas

5000 palavras

Vocabulário Português Brasileiro-Albanês - 5000 palavras

Por Andrey Taranov

Os vocabulários da T&P Books destinam-se a ajudar a aprender, a memorizar, e a rever palavras estrangeiras. O dicionário é dividido em temas, cobrindo todas as principais esferas de atividades quotidianas, negócios, ciência, cultura, etc.

O processo de aprendizagem, utilizando os dicionários baseados em temáticas da T&P Books dá-lhe as seguintes vantagens:

- Informação de origem corretamente agrupada predetermina o sucesso em fases subsequentes da memorização de palavras
- Disponibilização de palavras derivadas da mesma raiz, o que permite a memorização de unidades de texto (em vez de palavras separadas)
- Pequenas unidades de palavras facilitam o processo de estabelecimento de vínculos associativos necessários para a consolidação do vocabulário
- O nível de conhecimento da língua pode ser estimado pelo número de palavras aprendidas

T&P Books Publishing
www.tpbooks.com

ISBN: 978-1-78767-357-1

Este livro também está disponível em formato E-book.
Por favor visite www.tpbooks.com ou as principais livrarias on-line.

VOCABULÁRIO ALBANÊS
palavras mais úteis

Os vocabulários da T&P Books destinam-se a ajudar a aprender, a memorizar, e a rever palavras estrangeiras. O vocabulário contém mais de 5000 palavras de uso comum organizadas tematicamente.

O vocabulário contém as palavras mais comummente usadas

Recomendado como adicional para qualquer curso de línguas

Satisfaz as necessidades dos iniciados e dos alunos avançados de línguas estrangeiras

Conveniente para o uso diário, sessões de revisão e atividades de auto-teste

Permite avaliar o seu vocabulário

Características especias do vocabulário

- As palavras estão organizadas de acordo com o seu significado, e não por ordem alfabética
- As palavras são apresentadas em três colunas para facilitar os processos de revisão e auto-teste
- As palavras compostas são divididas em pequenos blocos para facilitar o processo de aprendizagem
- O vocabulário oferece uma transcrição simples e adequada de cada palavra estrangeira

O vocabulário contém 155 tópicos incluindo:

Conceitos básicos, Números, Cores, Meses, Estações do ano, Unidades de medida, Roupas & Acessórios, Alimentos & Nutrição, Restaurante, Membros da Família, Parentes, Caráter, Sentimentos, Emoções, Doenças, Cidade, Passeios, Compras, Dinheiro, Casa, Lar, Escritório, Trabalho no Escritório, Importação & Exportação, Marketing, Pesquisa de Emprego, Esportes, Educação, Computador, Internet, Ferramentas, Natureza, Países, Nacionalidades e muito mais ...

TABELA DE CONTEÚDOS

GUIA DE PRONUNCIAÇÃO

Alfabeto fonético T&P	Exemplo albanês	Exemplo Português
[a]	flas [flas]	chamar
[ə], [ɛ]	melodi [mɛlodí]	mover
[ə]	kërkoj [kərkój]	milagre
[i]	pikë [píkə]	sinônimo
[o]	motor [motór]	lobo
[u]	fuqi [fucí]	bonita
[y]	myshk [myʃk]	questionar
[b]	brakë [brákə]	barril
[c]	oqean [ocɛán]	Tchim-tchim!
[d]	adoptoj [adoptój]	dentista
[dz]	lexoj [lɛdzój]	pizza
[ʤ]	xham [dʒam]	adjetivo
[ð]	dhomë [ðómə]	[z] - fricativa dental sonora não-sibilante
[f]	i fortë [i fórtə]	safári
[g]	bullgari [buɫgarí]	gosto
[h]	jaht [jáht]	[h] aspirada
[j]	hyrje [hýrjɛ]	Vietnã
[ʝ]	zgjedh [zʝɛð]	jingle
[k]	korik [korík]	aquilo
[l]	lëviz [ləvíz]	libra
[ɫ]	shkallë [ʃkáɫə]	álcool
[m]	medalje [mɛdáljɛ]	magnólia
[n]	klan [klan]	natureza
[ɲ]	spanjoll [spaɲóɫ]	ninhada
[ŋ]	trung [truŋ]	alcançar
[p]	polici [politsí]	presente
[r]	i erët [i érət]	riscar
[ɾ]	groshë [grófə]	preto
[s]	spital [spitál]	sanita
[ʃ]	shes [ʃɛs]	mês
[t]	tapet [tapét]	tulipa
[ts]	batica [batítsa]	tsé-tsé
[ʧ]	kaçube [katʃúbɛ]	Tchau!
[v]	javor [javór]	fava
[z]	horizont [horizónt]	sésamo
[ʒ]	kuzhinë [kuʒínə]	talvez
[θ]	përkthej [pərkθéj]	[s] - fricativa dental surda não-sibilante

ABREVIATURAS
usadas no vocabulário

Abreviaturas do Português

adj	-	adjetivo
adv	-	advérbio
anim.	-	animado
conj.	-	conjunção
desp.	-	esporte
etc.	-	Etcetera
ex.	-	por exemplo
f	-	nome feminino
f pl	-	feminino plural
fem.	-	feminino
inanim.	-	inanimado
m	-	nome masculino
m pl	-	masculino plural
m, f	-	masculino, feminino
masc.	-	masculino
mat.	-	matemática
mil.	-	militar
pl	-	plural
prep.	-	preposição
pron.	-	pronome
sb.	-	sobre
sing.	-	singular
v aux	-	verbo auxiliar
vi	-	verbo intransitivo
vi, vt	-	verbo intransitivo, transitivo
vr	-	verbo reflexivo
vt	-	verbo transitivo

Abreviaturas do albanês

f	-	nome feminino
m	-	nome masculino
pl	-	plural

CONCEITOS BÁSICOS

Conceitos básicos. Parte 1

1. Pronomes

eu	Unë, mua	[unə], [múa]
você	ti, ty	[ti], [ty]
ele	ai	[aí]
ela	ajo	[ajó]
ele, ela (neutro)	ai	[aí]
nós	ne	[nɛ]
vocês	ju	[ju]
eles	ata	[atá]
elas	ato	[ató]

2. Cumprimentos. Saudações. Despedidas

Oi!	Përshëndetje!	[pərʃəndétjɛ!]
Olá!	Përshëndetje!	[pərʃəndétjɛ!]
Bom dia!	Mirëmëngjes!	[mirəmənɟés!]
Boa tarde!	Mirëdita!	[mirədíta!]
Boa noite!	Mirëmbrëma!	[mirəmbréma!]
cumprimentar (vt)	përshëndes	[pərʃəndés]
Oi!	Ç'kemi!	[tʃ'kémi!]
saudação (f)	përshëndetje (f)	[pərʃəndétjɛ]
saudar (vt)	përshëndes	[pərʃəndés]
Como você está?	Si jeni?	[si jéni?]
Como vai?	Si je?	[si jɛ?]
E aí, novidades?	Çfarë ka të re?	[tʃfárə ká tə ré?]
Tchau!	Mirupafshim!	[mirupáfʃim!]
Até logo!	U pafshim!	[u páfʃim!]
Até breve!	Shihemi së shpejti!	[ʃíhɛmi sə ʃpéjti!]
Adeus!	Lamtumirë!	[lamtumírə!]
despedir-se (dizer adeus)	përshëndetem	[pərʃəndétɛm]
Até mais!	Tungjatjeta!	[tunɟatjéta!]
Obrigado! -a!	Faleminderit!	[falɛmindérit!]
Muito obrigado! -a!	Faleminderit shumë!	[falɛmindérit ʃúmə!]
De nada	Të lutem	[tə lútɛm]
Não tem de quê	Asgjë!	[asɟə!]
Não foi nada!	Asgjë	[asɟə]

Desculpa!	Më fal!	[mə fal!]
Desculpe!	Më falni!	[mə fálni!]
desculpar (vt)	fal	[fal]

desculpar-se (vr)	kërkoj falje	[kərkój fáljɛ]
Me desculpe	Kërkoj ndjesë	[kərkój ndjésə]
Desculpe!	Më vjen keq!	[mə vjɛn kɛc!]
perdoar (vt)	fal	[fal]
Não faz mal	S'ka gjë!	[s'ka ɹə!]
por favor	të lutem	[tə lútɛm]

Não se esqueça!	Mos harro!	[mos haró!]
Com certeza!	Sigurisht!	[siguríʃt!]
Claro que não!	Sigurisht që jo!	[siguríʃt cə jo!]
Está bem! De acordo!	Në rregull!	[nə réguɫ!]
Chega!	Mjafton!	[mjaftón!]

3. Como se dirigir a alguém

Desculpe ...	Më falni, ...	[mə fálni, ...]
senhor	zotëri	[zotərí]
senhora	zonjë	[zóɲə]
senhorita	zonjushë	[zoɲúʃə]
jovem	djalë i ri	[djálə i rí]
menino	djalosh	[djalóʃ]
menina	vajzë	[vájzə]

4. Números cardinais. Parte 1

zero	zero	[zéro]
um	një	[ɲə]
dois	dy	[dy]
três	tre	[trɛ]
quatro	katër	[kátər]

cinco	pesë	[pésə]
seis	gjashtë	[ɟáʃtə]
sete	shtatë	[ʃtátə]
oito	tetë	[tétə]
nove	nëntë	[nəntə]

dez	dhjetë	[ðjétə]
onze	njëmbëdhjetë	[ɲəmbəðjétə]
doze	dymbëdhjetë	[dymbəðjétə]
treze	trembëdhjetë	[trɛmbəðjétə]
catorze	katërmbëdhjetë	[katərmbəðjétə]

quinze	pesëmbëdhjetë	[pɛsəmbəðjétə]
dezesseis	gjashtëmbëdhjetë	[ɟaʃtəmbəðjétə]
dezessete	shtatëmbëdhjetë	[ʃtatəmbəðjétə]
dezoito	tetëmbëdhjetë	[tɛtəmbəðjétə]
dezenove	nëntëmbëdhjetë	[nəntəmbəðjétə]

vinte	njëzet	[ɲəzét]
vinte e um	njëzet e një	[ɲəzét ɛ ɲə]
vinte e dois	njëzet e dy	[ɲəzét ɛ dy]
vinte e três	njëzet e tre	[ɲəzét ɛ trɛ]
trinta	tridhjetë	[triðjétə]
trinta e um	tridhjetë e një	[triðjétə ɛ ɲə]
trinta e dois	tridhjetë e dy	[triðjétə ɛ dy]
trinta e três	tridhjetë e tre	[triðjétə ɛ trɛ]
quarenta	dyzet	[dyzét]
quarenta e um	dyzet e një	[dyzét ɛ ɲə]
quarenta e dois	dyzet e dy	[dyzét ɛ dy]
quarenta e três	dyzet e tre	[dyzét ɛ trɛ]
cinquenta	pesëdhjetë	[pɛsəðjétə]
cinquenta e um	pesëdhjetë e një	[pɛsəðjétə ɛ ɲə]
cinquenta e dois	pesëdhjetë e dy	[pɛsəðjétə ɛ dy]
cinquenta e três	pesëdhjetë e tre	[pɛsəðjétə ɛ trɛ]
sessenta	gjashtëdhjetë	[ɟaʃtəðjétə]
sessenta e um	gjashtëdhjetë e një	[ɟaʃtəðjétə ɛ ɲə]
sessenta e dois	gjashtëdhjetë e dy	[ɟaʃtəðjétə ɛ dý]
sessenta e três	gjashtëdhjetë e tre	[ɟaʃtəðjétə ɛ tré]
setenta	shtatëdhjetë	[ʃtatəðjétə]
setenta e um	shtatëdhjetë e një	[ʃtatəðjétə ɛ ɲə]
setenta e dois	shtatëdhjetë e dy	[ʃtatəðjétə ɛ dy]
setenta e três	shtatëdhjetë e tre	[ʃtatəðjétə ɛ trɛ]
oitenta	tetëdhjetë	[tɛtəðjétə]
oitenta e um	tetëdhjetë e një	[tɛtəðjétə ɛ ɲə]
oitenta e dois	tetëdhjetë e dy	[tɛtəðjétə ɛ dy]
oitenta e três	tetëdhjetë e tre	[tɛtəðjétə ɛ trɛ]
noventa	nëntëdhjetë	[nəntəðjétə]
noventa e um	nëntëdhjetë e një	[nəntəðjétə ɛ ɲə]
noventa e dois	nëntëdhjetë e dy	[nəntəðjétə ɛ dy]
noventa e três	nëntëdhjetë e tre	[nəntəðjétə ɛ trɛ]

5. Números cardinais. Parte 2

cem	njëqind	[ɲəcínd]
duzentos	dyqind	[dycínd]
trezentos	treqind	[trɛcínd]
quatrocentos	katërqind	[katərcínd]
quinhentos	pesëqind	[pɛsəcínd]
seiscentos	gjashtëqind	[ɟaʃtəcínd]
setecentos	shtatëqind	[ʃtatəcínd]
oitocentos	tetëqind	[tɛtəcínd]
novecentos	nëntëqind	[nəntəcínd]
mil	një mijë	[ɲə míjə]
dois mil	dy mijë	[dy míjə]

três mil	tre mijë	[trɛ míjə]
dez mil	dhjetë mijë	[ðjétə míjə]
cem mil	njëqind mijë	[ɲəcínd míjə]
um milhão	milion (m)	[milión]
um bilhão	miliardë (f)	[miliárdə]

6. Números ordinais

primeiro (adj)	i pari	[i pári]
segundo (adj)	i dyti	[i dýti]
terceiro (adj)	i treti	[i tréti]
quarto (adj)	i katërti	[i kátərti]
quinto (adj)	i pesti	[i pésti]

sexto (adj)	i gjashti	[i ɟáʃti]
sétimo (adj)	i shtati	[i ʃtáti]
oitavo (adj)	i teti	[i téti]
nono (adj)	i nënti	[i nénti]
décimo (adj)	i dhjeti	[i ðjéti]

7. Números. Frações

fração (f)	thyesë (f)	[θýɛsə]
um meio	gjysma	[ɟýsma]
um terço	një e treta	[ɲə ɛ tréta]
um quarto	një e katërta	[ɲə ɛ kátərta]

um oitavo	një e teta	[ɲə ɛ téta]
um décimo	një e dhjeta	[ɲə ɛ ðjéta]
dois terços	dy të tretat	[dy tə trétat]
três quartos	tre të katërtat	[trɛ tə kátərtat]

8. Números. Operações básicas

subtração (f)	zbritje (f)	[zbrítjɛ]
subtrair (vi, vt)	zbres	[zbrɛs]
divisão (f)	pjesëtim (m)	[pjɛsətím]
dividir (vt)	pjesëtoj	[pjɛsətój]
adição (f)	mbledhje (f)	[mbléðjɛ]
somar (vt)	shtoj	[ʃtoj]
adicionar (vt)	mbledh	[mbléð]
multiplicação (f)	shumëzim (m)	[ʃuməzím]
multiplicar (vt)	shumëzoj	[ʃuməzój]

9. Números. Diversos

| algarismo, dígito (m) | shifër (f) | [ʃífər] |
| número (m) | numër (m) | [númər] |

numeral (m)	numerik (m)	[numɛrík]
menos (m)	minus (m)	[minús]
mais (m)	plus (m)	[plus]
fórmula (f)	formulë (f)	[formúlə]

cálculo (m)	llogaritje (f)	[ɫogarítjɛ]
contar (vt)	numëroj	[numərój]
calcular (vt)	llogaris	[ɫogarís]
comparar (vt)	krahasoj	[krahasój]

Quanto, -os, -as?	Sa?	[sa?]
soma (f)	shuma (f)	[ʃúma]
resultado (m)	rezultat (m)	[rɛzultát]
resto (m)	mbetje (f)	[mbétjɛ]

alguns, algumas ...	disa	[disá]
pouco (~ tempo)	pak	[pak]
poucos, poucas	disa	[disá]
um pouco de ...	pak	[pak]
resto (m)	mbetje (f)	[mbétjɛ]
um e meio	një e gjysmë (f)	[ɲə ɛ ɟýsmə]
dúzia (f)	dyzinë (f)	[dyzínə]

ao meio	përgjysmë	[pərɟýsmə]
em partes iguais	gjysmë për gjysmë	[ɟýsmə pər ɟýsmə]
metade (f)	gjysmë (f)	[ɟýsmə]
vez (f)	herë (f)	[hérə]

10. Os verbos mais importantes. Parte 1

abrir (vt)	hap	[hap]
acabar, terminar (vt)	përfundoj	[pərfundój]
aconselhar (vt)	këshilloj	[kəʃiɫój]
adivinhar (vt)	hamendësoj	[hamɛndəsój]
advertir (vt)	paralajmëroj	[paralajmərój]

ajudar (vt)	ndihmoj	[ndihmój]
almoçar (vi)	ha drekë	[ha drékə]
alugar (~ um apartamento)	marr me qira	[mar mɛ cirá]
amar (pessoa)	dashuroj	[daʃurój]
ameaçar (vt)	kërcënoj	[kərtsənój]

anotar (escrever)	mbaj shënim	[mbáj ʃəním]
apressar-se (vr)	nxitoj	[ndzitój]
arrepender-se (vr)	pendohem	[pɛndóhɛm]
assinar (vt)	nënshkruaj	[nənʃkrúaj]
brincar (vi)	bëj shaka	[bəj ʃaká]

brincar, jogar (vi, vt)	luaj	[lúaj]
buscar (vt)	kërkoj ...	[kərkój ...]
caçar (vi)	dal për gjah	[dál pər ɟáh]
cair (vi)	bie	[bíɛ]
cavar (vt)	gërmoj	[gərmój]
chamar (~ por socorro)	thërras	[θərás]

chegar (vi)	arrij	[aríj]
chorar (vi)	qaj	[caj]
começar (vt)	filloj	[fiłój]
comparar (vt)	krahasoj	[krahasój]
concordar (dizer "sim")	bie dakord	[bíɛ dakórd]

confiar (vt)	besoj	[bɛsój]
confundir (equivocar-se)	ngatërroj	[ŋatərój]
conhecer (vt)	njoh	[ɲóh]
contar (fazer contas)	numëroj	[numərój]
contar com ...	mbështetem ...	[mbəʃtétɛm ...]
continuar (vt)	vazhdoj	[vaʒdój]

controlar (vt)	kontrolloj	[kontrołój]
convidar (vt)	ftoj	[ftoj]
correr (vi)	vrapoj	[vrapój]
criar (vt)	krijoj	[krijój]
custar (vt)	kushton	[kuʃtón]

11. Os verbos mais importantes. Parte 2

dar (vt)	jap	[jap]
dar uma dica	aludoj	[aludój]
decorar (enfeitar)	zbukuroj	[zbukurój]
defender (vt)	mbroj	[mbrój]
deixar cair (vt)	lëshoj	[ləʃój]

descer (para baixo)	zbres	[zbrɛs]
desculpar (vt)	fal	[fal]
desculpar-se (vr)	kërkoj falje	[kərkój fáljɛ]
dirigir (~ uma empresa)	drejtoj	[drɛjtój]
discutir (notícias, etc.)	diskutoj	[diskutój]

disparar, atirar (vi)	qëlloj	[cəłój]
dizer (vt)	them	[θɛm]
duvidar (vt)	dyshoj	[dyʃój]
encontrar (achar)	gjej	[ɟéj]
enganar (vt)	mashtroj	[maʃtrój]

entender (vt)	kuptoj	[kuptój]
entrar (na sala, etc.)	hyj	[hyj]
enviar (uma carta)	dërgoj	[dərgój]
errar (enganar-se)	gaboj	[gabój]
escolher (vt)	zgjedh	[zɟɛð]

esconder (vt)	fsheh	[fʃéh]
escrever (vt)	shkruaj	[ʃkrúaj]
esperar (aguardar)	pres	[prɛs]
esperar (ter esperança)	shpresoj	[ʃprɛsój]
esquecer (vt)	harroj	[harój]

estudar (vt)	studioj	[studiój]
exigir (vt)	kërkoj	[kərkój]
existir (vi)	ekzistoj	[ɛkzistój]

explicar (vt)	shpjegoj	[ʃpjɛgój]
falar (vi)	flas	[flas]
faltar (a la escuela, etc.)	humbas	[humbás]
fazer (vt)	bëj	[bəj]
ficar em silêncio	hesht	[hɛʃt]
gabar-se (vr)	mburrem	[mbúrɛm]

gostar (apreciar)	pëlqej	[pəlcéj]
gritar (vi)	bërtas	[bərtás]
guardar (fotos, etc.)	mbaj	[mbáj]
informar (vt)	informoj	[informój]
insistir (vi)	këmbëngul	[kəmbəŋúl]

insultar (vt)	fyej	[fýɛj]
interessar-se (vr)	interesohem ...	[intɛrɛsóhɛm ...]
ir (a pé)	ec në këmbë	[ɛts nə kémbə]
ir nadar	notoj	[notój]
jantar (vi)	ha darkë	[ha dárkə]

12. Os verbos mais importantes. Parte 3

ler (vt)	lexoj	[lɛdzój]
libertar, liberar (vt)	çliroj	[tʃlirój]
matar (vt)	vras	[vras]
mencionar (vt)	përmend	[pərménd]
mostrar (vt)	tregoj	[trɛgój]

mudar (modificar)	ndryshoj	[ndryʃój]
nadar (vi)	notoj	[notój]
negar-se a ... (vr)	refuzoj	[rɛfuzój]
objetar (vt)	kundërshtoj	[kundərʃtój]

observar (vt)	vëzhgoj	[vəʒgój]
ordenar (mil.)	urdhëroj	[urðərój]
ouvir (vt)	dëgjoj	[dəɟój]
pagar (vt)	paguaj	[pagúaj]
parar (vi)	ndaloj	[ndalój]

parar, cessar (vt)	ndaloj	[ndalój]
participar (vi)	marr pjesë	[mar pjésə]
pedir (comida, etc.)	porosis	[porosís]
pedir (um favor, etc.)	pyes	[pýɛs]
pegar (tomar)	marr	[mar]

pegar (uma bola)	kap	[kap]
pensar (vi, vt)	mendoj	[mɛndój]
perceber (ver)	vërej	[vəréj]
perdoar (vt)	fal	[fal]
perguntar (vt)	pyes	[pýɛs]

permitir (vt)	lejoj	[lɛjój]
pertencer a ... (vi)	përkas ...	[pərkás ...]
planejar (vt)	planifikoj	[planifikój]
poder (~ fazer algo)	mund	[mund]

possuir (uma casa, etc.)	zotëroj	[zotərój]
preferir (vt)	preferoj	[prɛfɛrój]
preparar (vt)	gatuaj	[gatúaj]
prever (vt)	parashikoj	[paraʃikój]
prometer (vt)	premtoj	[prɛmtój]
pronunciar (vt)	shqiptoj	[ʃciptój]

propor (vt)	propozoj	[propozój]
punir (castigar)	ndëshkoj	[ndəʃkój]
quebrar (vt)	ndahem	[ndáhɛm]
queixar-se de ...	ankohem	[ankóhɛm]
querer (desejar)	dëshiroj	[dəʃirój]

13. Os verbos mais importantes. Parte 4

ralhar, repreender (vt)	qortoj	[cortój]
recomendar (vt)	rekomandoj	[rɛkomandój]
repetir (dizer outra vez)	përsëris	[pərsərís]
reservar (~ um quarto)	rezervoj	[rɛzɛrvój]
responder (vt)	përgjigjem	[pərɟíɟɛm]

rezar, orar (vi)	lutem	[lútɛm]
rir (vi)	qesh	[cɛʃ]
roubar (vt)	vjedh	[vjɛð]
saber (vt)	di	[di]
sair (~ de casa)	dal	[dal]

salvar (resgatar)	shpëtoj	[ʃpətój]
seguir (~ alguém)	ndjek ...	[ndjék ...]
sentar-se (vr)	ulem	[úlɛm]
ser necessário	nevojitet	[nɛvojítɛt]

ser, estar	jam	[jam]
significar (vt)	nënkuptoj	[nənkuptój]
sorrir (vi)	buzëqesh	[buzəcéʃ]
subestimar (vt)	nënvlerësoj	[nənvlɛrəsój]
surpreender-se (vr)	çuditem	[tʃudítɛm]

tentar (~ fazer)	përpiqem	[pərpícɛm]
ter (vt)	kam	[kam]
ter fome	kam uri	[kam urí]

ter medo	kam frikë	[kam fríkə]
ter sede	kam etje	[kam étjɛ]
tocar (com as mãos)	prek	[prɛk]
tomar café da manhã	ha mëngjes	[ha mənɟés]
trabalhar (vi)	punoj	[punój]
traduzir (vt)	përkthej	[pərkθéj]

unir (vt)	bashkoj	[baʃkój]
vender (vt)	shes	[ʃɛs]
ver (vt)	shikoj	[ʃikój]
virar (~ para a direita)	kthej	[kθɛj]
voar (vi)	fluturoj	[fluturój]

14. Cores

cor (f)	ngjyrë (f)	[nɟýrə]
tom (m)	nuancë (f)	[nuántsə]
tonalidade (m)	tonalitet (m)	[tonalitét]
arco-íris (m)	ylber (m)	[ylbér]
branco (adj)	e bardhë	[ɛ bárðə]
preto (adj)	e zezë	[ɛ zézə]
cinza (adj)	gri	[gri]
verde (adj)	jeshile	[jɛʃílɛ]
amarelo (adj)	e verdhë	[ɛ vérðə]
vermelho (adj)	e kuqe	[ɛ kúcɛ]
azul (adj)	blu	[blu]
azul claro (adj)	bojëqielli	[bojəciéłi]
rosa (adj)	rozë	[rózə]
laranja (adj)	portokalli	[portokáłi]
violeta (adj)	bojëvjollcë	[bojəvjółtsə]
marrom (adj)	kafe	[káfɛ]
dourado (adj)	e artë	[ɛ ártə]
prateado (adj)	e argjendtë	[ɛ arɟéndtə]
bege (adj)	bezhë	[béʒə]
creme (adj)	krem	[krɛm]
turquesa (adj)	e bruztë	[ɛ brúztə]
vermelho cereja (adj)	qershi	[cɛrʃí]
lilás (adj)	jargavan	[jargaván]
carmim (adj)	e kuqe e thellë	[ɛ kúcɛ ɛ θéłə]
claro (adj)	e hapur	[ɛ hápur]
escuro (adj)	e errët	[ɛ érət]
vivo (adj)	e ndritshme	[ɛ ndrítʃmɛ]
de cor	e ngjyrosur	[ɛ nɟyrósur]
a cores	ngjyrë	[nɟýrə]
preto e branco (adj)	bardhë e zi	[bárðə ɛ zi]
unicolor (de uma só cor)	njëngjyrëshe	[nənɟýrəʃɛ]
multicolor (adj)	shumëngjyrëshe	[ʃumənɟýrəʃɛ]

15. Questões

Quem?	Kush?	[kuʃ?]
O que?	Çka?	[tʃká?]
Onde?	Ku?	[ku?]
Para onde?	Për ku?	[pər ku?]
De onde?	Nga ku?	[ŋa ku?]
Quando?	Kur?	[kur?]
Para quê?	Pse?	[psɛ?]
Por quê?	Pse?	[psɛ?]
Para quê?	Për çfarë arsye?	[pər tʃfárə arsýɛ?]

Como?	Si?	[si?]
Qual (~ é o problema?)	Çfarë?	[tʃfárə?]
Qual (~ deles?)	Cili?	[tsíli?]

A quem?	Kujt?	[kújt?]
De quem?	Për kë?	[pər kə?]
Do quê?	Për çfarë?	[pər tʃfárə?]
Com quem?	Me kë?	[mɛ kə?]

Quanto, -os, -as?	Sa?	[sa?]
De quem (~ é isto?)	Të kujt?	[tə kujt?]

16. Preposições

com (prep.)	me	[mɛ]
sem (prep.)	pa	[pa]
a, para (exprime lugar)	për në	[pər nə]
sobre (ex. falar ~)	për	[pər]
antes de ...	përpara	[pərpára]
em frente de ...	para ...	[pára ...]

debaixo de ...	nën	[nən]
sobre (em cima de)	mbi	[mbí]
em ..., sobre ...	mbi	[mbí]
de, do (sou ~ Rio de Janeiro)	nga	[ŋa]
de (feito ~ pedra)	nga	[ŋa]

em (~ 3 dias)	për	[pər]
por cima de ...	sipër	[sípər]

17. Palavras funcionais. Advérbios. Parte 1

Onde?	Ku?	[ku?]
aqui	këtu	[kətú]
lá, ali	atje	[atjé]

em algum lugar	diku	[dikú]
em lugar nenhum	askund	[askúnd]

perto de ...	afër	[áfər]
perto da janela	tek dritarja	[tɛk dritárja]

Para onde?	Për ku?	[pər ku?]
aqui	këtu	[kətú]
para lá	atje	[atjé]
daqui	nga këtu	[ŋa kətú]
de lá, dali	nga atje	[ŋa atjɛ]

perto	pranë	[pránə]
longe	larg	[larg]
perto de ...	afër	[áfər]
à mão, perto	pranë	[pránə]

não fica longe	jo larg	[jo lárg]
esquerdo (adj)	majtë	[májtə]
à esquerda	majtas	[májtas]
para a esquerda	në të majtë	[nə tə májtə]

direito (adj)	djathtë	[djáθtə]
à direita	djathtas	[djáθtas]
para a direita	në të djathtë	[nə tə djáθtə]

em frente	përballë	[pərbáłə]
da frente	i përparmë	[i pərpármə]
adiante (para a frente)	përpara	[pərpára]

atrás de ...	prapa	[prápa]
de trás	nga prapa	[ŋa prápa]
para trás	pas	[pas]

| meio (m), metade (f) | mes (m) | [mɛs] |
| no meio | në mes | [nə mɛs] |

do lado	në anë	[nə anə]
em todo lugar	kudo	[kúdo]
por todos os lados	përreth	[pəréθ]

de dentro	nga brenda	[ŋa brénda]
para algum lugar	diku	[dikú]
diretamente	drejt	[dréjt]
de volta	pas	[pas]

| de algum lugar | nga kudo | [ŋa kúdo] |
| de algum lugar | nga diku | [ŋa dikú] |

em primeiro lugar	së pari	[sə pári]
em segundo lugar	së dyti	[sə dýti]
em terceiro lugar	së treti	[sə tréti]

de repente	befas	[béfas]
no início	në fillim	[nə fiłím]
pela primeira vez	për herë të parë	[pər hérə tə párə]
muito antes de ...	shumë përpara ...	[ʃúmə pərpára ...]
de novo	sërish	[səríʃ]
para sempre	një herë e mirë	[ɲə hérə ɛ mírə]

nunca	kurrë	[kúrə]
de novo	përsëri	[pərsərí]
agora	tani	[táni]
frequentemente	shpesh	[ʃpɛʃ]
então	atëherë	[atəhérə]
urgentemente	urgjent	[urɟént]
normalmente	zakonisht	[zakoníʃt]

a propósito, ...	meqë ra fjala, ...	[mécə ra fjála, ...]
é possível	ndoshta	[ndóʃta]
provavelmente	mundësisht	[mundəsíʃt]
talvez	mbase	[mbásɛ]
além disso, ...	përveç	[pərvétʃ]

por isso ...	ja përse ...	[ja pərsé ...]
apesar de ...	pavarësisht se ...	[pavarəsíʃt sɛ ...]
graças a ...	falë ...	[fálə ...]

que (pron.)	çfarë	[tʃfárə]
que (conj.)	që	[cə]
algo	diçka	[ditʃká]
alguma coisa	ndonji gjë	[ndoɲí ɟə]
nada	asgjë	[asɟə́]

quem	kush	[kuʃ]
alguém (~ que ...)	dikush	[dikúʃ]
alguém (com ~)	dikush	[dikúʃ]

ninguém	askush	[askúʃ]
para lugar nenhum	askund	[askúnd]
de ninguém	i askujt	[i askújt]
de alguém	i dikujt	[i dikújt]

tão	aq	[ác]
também (gostaria ~ de ...)	gjithashtu	[ɟiθaʃtú]
também (~ eu)	gjithashtu	[ɟiθaʃtú]

18. Palavras funcionais. Advérbios. Parte 2

Por quê?	Pse?	[psɛ?]
por alguma razão	për një arsye	[pər ɲə arsýɛ]
porque ...	sepse ...	[sɛpsé ...]
por qualquer razão	për ndonjë shkak	[pər ndóɲə ʃkak]

e (tu ~ eu)	dhe	[ðɛ]
ou (ser ~ não ser)	ose	[ósɛ]
mas (porém)	por	[por]
para (~ a minha mãe)	për	[pər]

muito, demais	tepër	[tépər]
só, somente	vetëm	[vétəm]
exatamente	pikërisht	[pikəríʃt]
cerca de (~ 10 kg)	rreth	[rɛθ]

aproximadamente	përafërsisht	[pərafərsíʃt]
aproximado (adj)	përafërt	[pəráfərt]
quase	pothuajse	[poθúajsɛ]
resto (m)	mbetje (f)	[mbétjɛ]

o outro (segundo)	tjetri	[tjétri]
outro (adj)	tjetër	[tjétər]
cada (adj)	çdo	[tʃdo]
qualquer (adj)	çfarëdo	[tʃfarədó]
muitos, muitas	disa	[disá]
muito	shumë	[ʃúmə]
muitas pessoas	shumë njerëz	[ʃúmə ɲérəz]
todos	të gjithë	[tə ɟíθə]
em troca de ...	në vend të ...	[nə vénd tə ...]

em troca	në shkëmbim të ...	[nə ʃkəmbím tə ...]
à mão	me dorë	[mɛ dórə]
pouco provável	vështirë se ...	[vəʃtírə sɛ ...]

provavelmente	mundësisht	[mundəsíʃt]
de propósito	me qëllim	[mɛ cəɫím]
por acidente	aksidentalisht	[aksidɛntalíʃt]

muito	shumë	[ʃúmə]
por exemplo	për shembull	[pər ʃémbuɫ]
entre	midis	[midís]
entre (no meio de)	rreth	[rɛθ]
tanto	kaq shumë	[kác ʃúmə]
especialmente	veçanërisht	[vɛtʃanəríʃt]

Conceitos básicos. Parte 2

19. Dias da semana

segunda-feira (f)	E hënë (f)	[ɛ hénə]
terça-feira (f)	E martë (f)	[ɛ mártə]
quarta-feira (f)	E mërkurë (f)	[ɛ mərkúrə]
quinta-feira (f)	E enjte (f)	[ɛ éɲtɛ]
sexta-feira (f)	E premte (f)	[ɛ prémtɛ]
sábado (m)	E shtunë (f)	[ɛ ʃtúnə]
domingo (m)	E dielë (f)	[ɛ díɛlə]

hoje	sot	[sot]
amanhã	nesër	[nésər]
depois de amanhã	pasnesër	[pasnésər]
ontem	dje	[djé]
anteontem	pardje	[pardjé]

dia (m)	ditë (f)	[dítə]
dia (m) de trabalho	ditë pune (f)	[dítə púnɛ]
feriado (m)	festë kombëtare (f)	[féstə kombətárɛ]
dia (m) de folga	ditë pushim (m)	[dítə puʃím]
fim (m) de semana	fundjavë (f)	[fundjávə]

o dia todo	gjithë ditën	[ɟíθə dítən]
no dia seguinte	ditën pasardhëse	[dítən pasárðəsɛ]
há dois dias	dy ditë më parë	[dy dítə mə párə]
na véspera	një ditë më parë	[ɲə dítə mə párə]
diário (adj)	ditor	[ditór]
todos os dias	çdo ditë	[tʃdo dítə]

semana (f)	javë (f)	[jávə]
na semana passada	javën e kaluar	[jávən ɛ kalúar]
semana que vem	javën e ardhshme	[jávən ɛ árðʃmɛ]
semanal (adj)	javor	[javór]
toda semana	çdo javë	[tʃdo jávə]
duas vezes por semana	dy herë në javë	[dy hérə nə jávə]
toda terça-feira	çdo të martë	[tʃdo tə mártə]

20. Horas. Dia e noite

manhã (f)	mëngjes (m)	[mənɟés]
de manhã	në mëngjes	[nə mənɟés]
meio-dia (m)	mesditë (f)	[mɛsdítə]
à tarde	pasdite	[pasdítɛ]

tardinha (f)	mbrëmje (f)	[mbrémjɛ]
à tardinha	në mbrëmje	[nə mbrémjɛ]

noite (f)	natë (f)	[nátə]
à noite	natën	[nátən]
meia-noite (f)	mesnatë (f)	[mɛsnátə]

segundo (m)	sekondë (f)	[sɛkóndə]
minuto (m)	minutë (f)	[minútə]
hora (f)	orë (f)	[órə]
meia hora (f)	gjysmë ore (f)	[ɟýsmə órɛ]
quarto (m) de hora	çerek ore (m)	[tʃɛrék órɛ]
quinze minutos	pesëmbëdhjetë minuta	[pɛsəmbəðjétə minúta]
vinte e quatro horas	24 orë	[ɲəzét ɛ kátər órə]

nascer (m) do sol	agim (m)	[agím]
amanhecer (m)	agim (m)	[agím]
madrugada (f)	mëngjes herët (m)	[məɲés hérət]
pôr-do-sol (m)	perëndim dielli (m)	[pɛrəndím diéɫi]

de madrugada	herët në mëngjes	[hérət nə məɲés]
esta manhã	sot në mëngjes	[sot nə məɲés]
amanhã de manhã	nesër në mëngjes	[nésər nə məɲés]

esta tarde	sot pasdite	[sot pasdítɛ]
à tarde	pasdite	[pasdítɛ]
amanhã à tarde	nesër pasdite	[nésər pasdítɛ]

| esta noite, hoje à noite | sonte në mbrëmje | [sóntɛ nə mbrəmjɛ] |
| amanhã à noite | nesër në mbrëmje | [nésər nə mbrémjɛ] |

às três horas em ponto	në orën 3 fiks	[nə órən trɛ fiks]
por volta das quatro	rreth orës 4	[rɛθ órəs kátər]
às doze	deri në orën 12	[déri nə órən dymbəðjétə]

em vinte minutos	për 20 minuta	[pər ɲəzét minúta]
em uma hora	për një orë	[pər ɲə órə]
a tempo	në orar	[nə orár]

... um quarto para	çerek ...	[tʃɛrék ...]
dentro de uma hora	brenda një ore	[brénda ɲə órɛ]
a cada quinze minutos	çdo 15 minuta	[tʃdo pɛsəmbəðjétə minúta]
as vinte e quatro horas	gjithë ditën	[ɟíθə dítən]

21. Meses. Estações

janeiro (m)	**Janar** (m)	[janár]
fevereiro (m)	**Shkurt** (m)	[ʃkurt]
março (m)	**Mars** (m)	[mars]
abril (m)	**Prill** (m)	[priɫ]
maio (m)	**Maj** (m)	[maj]
junho (m)	**Qershor** (m)	[cɛrʃór]

julho (m)	**Korrik** (m)	[korík]
agosto (m)	**Gusht** (m)	[guʃt]
setembro (m)	**Shtator** (m)	[ʃtatór]
outubro (m)	**Tetor** (m)	[tɛtór]

novembro (m)	**Nëntor** (m)	[nəntór]
dezembro (m)	**Dhjetor** (m)	[ðjɛtór]

primavera (f)	**pranverë** (f)	[pranvérə]
na primavera	**në pranverë**	[nə pranvérə]
primaveril (adj)	**pranveror**	[pranvɛrór]

verão (m)	**verë** (f)	[vérə]
no verão	**në verë**	[nə vérə]
de verão	**veror**	[vɛrór]

outono (m)	**vjeshtë** (f)	[vjéʃtə]
no outono	**në vjeshtë**	[nə vjéʃtə]
outonal (adj)	**vjeshtor**	[vjéʃtor]

inverno (m)	**dimër** (m)	[dímər]
no inverno	**në dimër**	[nə dímər]
de inverno	**dimëror**	[dimərór]

mês (m)	**muaj** (m)	[múaj]
este mês	**këtë muaj**	[kətə múaj]
mês que vem	**muajin tjetër**	[múajin tjétər]
no mês passado	**muajin e kaluar**	[múajin ɛ kalúar]

um mês atrás	**para një muaji**	[pára ɲə múaji]
em um mês	**pas një muaji**	[pas ɲə múaji]
em dois meses	**pas dy muajsh**	[pas dy múajʃ]
todo o mês	**gjithë muajin**	[ɟíθə múajin]
um mês inteiro	**gjatë gjithë muajit**	[ɟátə ɟíθə múajit]

mensal (adj)	**mujor**	[mujór]
mensalmente	**mujor**	[mujór]
todo mês	**çdo muaj**	[tʃdo múaj]
duas vezes por mês	**dy herë në muaj**	[dy hérə nə múaj]

ano (m)	**vit** (m)	[vit]
este ano	**këtë vit**	[kətə vít]
ano que vem	**vitin tjetër**	[vítin tjétər]
no ano passado	**vitin e kaluar**	[vítin ɛ kalúar]

há um ano	**para një viti**	[pára ɲə víti]
em um ano	**për një vit**	[pər ɲə vit]
dentro de dois anos	**për dy vite**	[pər dy vítɛ]
todo o ano	**gjithë vitin**	[ɟíθə vítin]
um ano inteiro	**gjatë gjithë vitit**	[ɟátə ɟíθə vítit]

cada ano	**çdo vit**	[tʃdo vít]
anual (adj)	**vjetor**	[vjɛtór]
anualmente	**çdo vit**	[tʃdo vít]
quatro vezes por ano	**4 herë në vit**	[kátər hérə nə vit]

data (~ de hoje)	**datë** (f)	[dátə]
data (ex. ~ de nascimento)	**data** (f)	[dáta]
calendário (m)	**kalendar** (m)	[kalɛndár]
meio ano	**gjysmë viti**	[ɟýsmə víti]
seis meses	**gjashtë muaj**	[ɟáʃtə múaj]

estação (f)	**stinë** (f)	[stínə]
século (m)	**shekull** (m)	[ʃékuɫ]

22. Unidades de medida

peso (m)	**peshë** (f)	[péʃə]
comprimento (m)	**gjatësi** (f)	[ɟatəsí]
largura (f)	**gjerësi** (f)	[ɟɛrəsí]
altura (f)	**lartësi** (f)	[lartəsí]
profundidade (f)	**thellësi** (f)	[θɛɫəsí]
volume (m)	**vëllim** (m)	[vəɫím]
área (f)	**sipërfaqe** (f)	[sipərfácɛ]
grama (m)	**gram** (m)	[gram]
miligrama (m)	**miligram** (m)	[miligrám]
quilograma (m)	**kilogram** (m)	[kilográm]
tonelada (f)	**ton** (m)	[ton]
libra (453,6 gramas)	**paund** (m)	[páund]
onça (f)	**ons** (m)	[ons]
metro (m)	**metër** (m)	[métər]
milímetro (m)	**milimetër** (m)	[milimétər]
centímetro (m)	**centimetër** (m)	[tsɛntimétər]
quilômetro (m)	**kilometër** (m)	[kilométər]
milha (f)	**milje** (f)	[míljɛ]
polegada (f)	**inç** (m)	[intʃ]
pé (304,74 mm)	**këmbë** (f)	[kémbə]
jarda (914,383 mm)	**jard** (m)	[járd]
metro (m) quadrado	**metër katror** (m)	[métər katrór]
hectare (m)	**hektar** (m)	[hɛktár]
litro (m)	**litër** (m)	[lítər]
grau (m)	**gradë** (f)	[grádə]
volt (m)	**volt** (m)	[volt]
ampère (m)	**amper** (m)	[ampér]
cavalo (m) de potência	**kuaj-fuqi** (f)	[kúaj-fucí]
quantidade (f)	**sasi** (f)	[sasí]
um pouco de ...	**pak ...**	[pak ...]
metade (f)	**gjysmë** (f)	[ɟýsmə]
dúzia (f)	**dyzinë** (f)	[dyzínə]
peça (f)	**copë** (f)	[tsópə]
tamanho (m), dimensão (f)	**madhësi** (f)	[maðəsí]
escala (f)	**shkallë** (f)	[ʃkáɫə]
mínimo (adj)	**minimale**	[minimálɛ]
menor, mais pequeno	**më i vogli**	[mə i vógli]
médio (adj)	**i mesëm**	[i mésəm]
máximo (adj)	**maksimale**	[maksimálɛ]
maior, mais grande	**më i madhi**	[mə i máði]

23. Recipientes

pote (m) de vidro	**kavanoz** (m)	[kavanóz]
lata (~ de cerveja)	**kanoçe** (f)	[kanótʃɛ]
balde (m)	**kovë** (f)	[kóvə]
barril (m)	**fuçi** (f)	[futʃí]
bacia (~ de plástico)	**legen** (m)	[lɛgén]
tanque (m)	**tank** (m)	[tank]
cantil (m) de bolso	**faqore** (f)	[facórɛ]
galão (m) de gasolina	**bidon** (m)	[bidón]
cisterna (f)	**cisternë** (f)	[tsistérnə]
caneca (f)	**tas** (m)	[tas]
xícara (f)	**filxhan** (m)	[fildʒán]
pires (m)	**pjatë filxhani** (f)	[pjátə fildʒáni]
copo (m)	**gotë** (f)	[gótə]
taça (f) de vinho	**gotë vere** (f)	[gótə vérɛ]
panela (f)	**tenxhere** (f)	[tɛndʒérɛ]
garrafa (f)	**shishe** (f)	[ʃíʃɛ]
gargalo (m)	**grykë**	[grýkə]
jarra (f)	**brokë** (f)	[brókə]
jarro (m)	**shtambë** (f)	[ʃtámbə]
recipiente (m)	**enë** (f)	[énə]
pote (m)	**enë** (f)	[énə]
vaso (m)	**vazo** (f)	[vázo]
frasco (~ de perfume)	**shishe** (f)	[ʃíʃɛ]
frasquinho (m)	**shishkë** (f)	[ʃíʃkə]
tubo (m)	**tubet** (f)	[tubét]
saco (ex. ~ de açúcar)	**thes** (m)	[θɛs]
sacola (~ plastica)	**qese** (f)	[césɛ]
maço (de cigarros, etc.)	**paketë** (f)	[pakétə]
caixa (~ de sapatos, etc.)	**kuti** (f)	[kutí]
caixote (~ de madeira)	**arkë** (f)	[árkə]
cesto (m)	**shportë** (f)	[ʃpórtə]

O SER HUMANO

O ser humano. O corpo

24. Cabeça

cabeça (f)	kokë (f)	[kókə]
rosto, cara (f)	fytyrë (f)	[fytýrə]
nariz (m)	hundë (f)	[húndə]
boca (f)	gojë (f)	[gójə]
olho (m)	sy (m)	[sy]
olhos (m pl)	sytë	[sýtə]
pupila (f)	bebëz (f)	[bébəz]
sobrancelha (f)	vetull (f)	[vétuɫ]
cílio (f)	qerpik (m)	[cɛrpík]
pálpebra (f)	qepallë (f)	[cɛpáɫə]
língua (f)	gjuhë (f)	[ɟúhə]
dente (m)	dhëmb (m)	[ðəmb]
lábios (m pl)	buzë (f)	[búzə]
maçãs (f pl) do rosto	mollëza (f)	[móɫəza]
gengiva (f)	mishrat e dhëmbëve	[míʃrat ɛ ðəmbəvɛ]
palato (m)	qiellzë (f)	[ciéɫzə]
narinas (f pl)	vrimat e hundës (pl)	[vrímat ɛ húndəs]
queixo (m)	mjekër (f)	[mjékər]
mandíbula (f)	nofull (f)	[nófuɫ]
bochecha (f)	faqe (f)	[fácɛ]
testa (f)	ball (m)	[báɫ]
têmpora (f)	tëmth (m)	[təmθ]
orelha (f)	vesh (m)	[vɛʃ]
costas (f pl) da cabeça	zverk (m)	[zvɛrk]
pescoço (m)	qafë (f)	[cáfə]
garganta (f)	fyt (m)	[fyt]
cabelo (m)	flokë (pl)	[flókə]
penteado (m)	model flokësh (m)	[modél flókəʃ]
corte (m) de cabelo	prerje flokësh (f)	[prérjɛ flókəʃ]
peruca (f)	paruke (f)	[parúkɛ]
bigode (m)	mustaqe (f)	[mustácɛ]
barba (f)	mjekër (f)	[mjékər]
ter (~ barba, etc.)	lë mjekër	[lə mjékər]
trança (f)	gërshet (m)	[gərʃét]
suíças (f pl)	baseta (f)	[baséta]
ruivo (adj)	flokëkuqe	[flokəkúcɛ]
grisalho (adj)	thinja	[θíɲa]

| careca (adj) | qeros | [cɛrós] |
| calva (f) | tullë (f) | [tútə] |

| rabo-de-cavalo (m) | bishtalec (m) | [biʃtaléts] |
| franja (f) | balluke (f) | [batúkɛ] |

25. Corpo humano

| mão (f) | dorë (f) | [dórə] |
| braço (m) | krah (m) | [krah] |

dedo (m)	gisht i dorës (m)	[gíʃt i dórəs]
dedo (m) do pé	gisht i kёmbёs (m)	[gíʃt i kə́mbəs]
polegar (m)	gishti i madh (m)	[gíʃti i máð]
dedo (m) mindinho	gishti i vogël (m)	[gíʃti i vógəl]
unha (f)	thua (f)	[θúa]

punho (m)	grusht (m)	[grúʃt]
palma (f)	pëllëmbë dore (f)	[pətə́mbə dórɛ]
pulso (m)	kyç (m)	[kytʃ]
antebraço (m)	parakrah (m)	[parakráh]
cotovelo (m)	bërryl (m)	[bərýl]
ombro (m)	shpatull (f)	[ʃpátut]

perna (f)	kёmbё (f)	[kə́mbə]
pé (m)	shputë (f)	[ʃpútə]
joelho (m)	gju (m)	[ɟú]
panturrilha (f)	pulpë (f)	[púlpə]
quadril (m)	ijë (f)	[íjə]
calcanhar (m)	thembër (f)	[θémbər]

corpo (m)	trup (m)	[trup]
barriga (f), ventre (m)	stomak (m)	[stomák]
peito (m)	kraharor (m)	[kraharór]
seio (m)	gjoks (m)	[ɟóks]
lado (m)	krah (m)	[krah]
costas (dorso)	kurriz (m)	[kuríz]
região (f) lombar	fundshpina (f)	[fundʃpína]
cintura (f)	beli (m)	[béli]

umbigo (m)	kërthizë (f)	[kərθízə]
nádegas (f pl)	vithe (f)	[víθɛ]
traseiro (m)	prapanica (f)	[prapanítsa]

sinal (m), pinta (f)	nishan (m)	[niʃán]
sinal (m) de nascença	shenjë lindjeje (f)	[ʃéɲə líndjɛjɛ]
tatuagem (f)	tatuazh (m)	[tatuáʒ]
cicatriz (f)	shenjë (f)	[ʃéɲə]

Vestuário & Acessórios

26. Roupa exterior. Casacos

roupa (f)	rroba (f)	[róba]
roupa (f) exterior	veshje e sipërme (f)	[véʃjɛ ɛ sípərmɛ]
roupa (f) de inverno	veshje dimri (f)	[véʃjɛ dímri]
sobretudo (m)	pallto (f)	[páɫto]
casaco (m) de pele	gëzof (m)	[gəzóf]
jaqueta (f) de pele	xhaketë lëkure (f)	[dʒakétə ləkúrɛ]
casaco (m) acolchoado	xhup (m)	[dʒup]
casaco (m), jaqueta (f)	xhaketë (f)	[dʒakétə]
impermeável (m)	pardesy (f)	[pardɛsý]
a prova d'água	kundër shiut	[kúndər ʃiut]

27. Vestuário de homem & mulher

camisa (f)	këmishë (f)	[kəmíʃə]
calça (f)	pantallona (f)	[pantaɫóna]
jeans (m)	xhinse (f)	[dʒínsɛ]
paletó, terno (m)	xhaketë kostumi (f)	[dʒakétə kostúmi]
terno (m)	kostum (m)	[kostúm]
vestido (ex. ~ de noiva)	fustan (m)	[fustán]
saia (f)	fund (m)	[fund]
blusa (f)	bluzë (f)	[blúzə]
casaco (m) de malha	xhaketë me thurje (f)	[dʒakétə mɛ θúrjɛ]
casaco, blazer (m)	xhaketë femrash (f)	[dʒakétə fémraʃ]
camiseta (f)	bluzë (f)	[blúzə]
short (m)	pantallona të shkurtra (f)	[pantaɫóna tə ʃkúrtra]
training (m)	tuta sportive (f)	[túta sportívɛ]
roupão (m) de banho	peshqir trupi (m)	[pɛʃcír trúpi]
pijama (m)	pizhame (f)	[piʒámɛ]
suéter (m)	triko (f)	[tríko]
pulôver (m)	pulovër (m)	[pulóvər]
colete (m)	jelek (m)	[jɛlék]
fraque (m)	frak (m)	[frak]
smoking (m)	smoking (m)	[smokíŋ]
uniforme (m)	uniformë (f)	[unifórmə]
roupa (f) de trabalho	rroba pune (f)	[róba púnɛ]
macacão (m)	kominoshe (f)	[kominóʃɛ]
jaleco (m), bata (f)	uniformë (f)	[unifórmə]

28. Vestuário. Roupa interior

roupa (f) íntima	të brendshme (f)	[tə bréndʃmɛ]
cueca boxer (f)	boksera (f)	[bokséra]
calcinha (f)	brekë (f)	[brékə]
camiseta (f)	fanellë (f)	[fanéłə]
meias (f pl)	çorape (pl)	[tʃorápɛ]
camisola (f)	këmishë nate (f)	[kəmíʃə nátɛ]
sutiã (m)	sytjena (f)	[sytjéna]
meias longas (f pl)	çorape déri tek gjuri (pl)	[tʃorápɛ déri ték ɟúri]
meias-calças (f pl)	geta (f)	[géta]
meias (~ de nylon)	çorape të holla (pl)	[tʃorápɛ tə hółta]
maiô (m)	rrobë banje (f)	[róbə báɲɛ]

29. Adereços de cabeça

chapéu (m), touca (f)	kapelë (f)	[kapélə]
chapéu (m) de feltro	kapelë republike (f)	[kapélə rɛpublíkɛ]
boné (m) de beisebol	kapelë bejsbolli (f)	[kapélə bɛjsbółi]
boina (~ italiana)	kapelë e sheshtë (f)	[kapélə ɛ ʃéʃtə]
boina (ex. ~ basca)	beretë (f)	[bɛrétə]
capuz (m)	kapuç (m)	[kapútʃ]
chapéu panamá (m)	kapelë panama (f)	[kapélə panamá]
touca (f)	kapuç leshi (m)	[kapútʃ léʃi]
lenço (m)	shami (f)	[ʃamí]
chapéu (m) feminino	kapelë femrash (f)	[kapélə fémraʃ]
capacete (m) de proteção	helmetë (f)	[hɛlmétə]
bibico (m)	kapelë ushtrie (f)	[kapélə uʃtríɛ]
capacete (m)	helmetë (f)	[hɛlmétə]
chapéu-coco (m)	kapelë derby (f)	[kapélə dérby]
cartola (f)	kapelë cilindër (f)	[kapélə tsilíndər]

30. Calçado

calçado (m)	këpucë (pl)	[kəpútsə]
botinas (f pl), sapatos (m pl)	këpucë burrash (pl)	[kəpútsə búraʃ]
sapatos (de salto alto, etc.)	këpucë grash (pl)	[kəpútsə gráʃ]
botas (f pl)	çizme (pl)	[tʃízmɛ]
pantufas (f pl)	pantofla (pl)	[pantófla]
tênis (~ Nike, etc.)	atlete tenisi (pl)	[atlétɛ tɛnísi]
tênis (~ Converse)	atlete (pl)	[atlétɛ]
sandálias (f pl)	sandale (pl)	[sandálɛ]
sapateiro (m)	këpucëtar (m)	[kəputsətár]
salto (m)	takë (f)	[tákə]

par (m)	palë (f)	[pálə]
cadarço (m)	lidhëse këpucësh (f)	[líðəsɛ kəpútsəʃ]
amarrar os cadarços	lidh këpucët	[lið kəpútsət]
calçadeira (f)	lugë këpucësh (f)	[lúgə kəpútsəʃ]
graxa (f) para calçado	bojë këpucësh (f)	[bójə kəpútsəʃ]

31. Acessórios pessoais

luva (f)	dorëza (pl)	[dórəza]
mitenes (f pl)	doreza (f)	[doréza]
cachecol (m)	shall (m)	[ʃaɫ]

óculos (m pl)	syze (f)	[sýzɛ]
armação (f)	skelet syzesh (m)	[skɛlét sýzɛʃ]
guarda-chuva (m)	çadër (f)	[tʃádər]
bengala (f)	bastun (m)	[bastún]
escova (f) para o cabelo	furçë flokësh (f)	[fúrtʃə flókəʃ]
leque (m)	erashkë (f)	[ɛráʃkə]

gravata (f)	kravatë (f)	[kravátə]
gravata-borboleta (f)	papion (m)	[papión]
suspensórios (m pl)	aski (pl)	[askí]
lenço (m)	shami (f)	[ʃamí]

pente (m)	krehër (m)	[kréhər]
fivela (f) para cabelo	kapëse flokësh (f)	[kápəsɛ flókəʃ]
grampo (m)	karficë (f)	[karfítsə]
fivela (f)	tokëz (f)	[tókəz]

cinto (m)	rrip (m)	[rip]
alça (f) de ombro	rrip supi (m)	[rip súpi]

bolsa (f)	çantë dore (f)	[tʃántə dórɛ]
bolsa (feminina)	çantë (f)	[tʃántə]
mochila (f)	çantë shpine (f)	[tʃántə ʃpínɛ]

32. Vestuário. Diversos

moda (f)	modë (f)	[módə]
na moda (adj)	në modë	[nə módə]
estilista (m)	stilist (m)	[stilíst]

colarinho (m)	jakë (f)	[jákə]
bolso (m)	xhep (m)	[dʒɛp]
de bolso	i xhepit	[i dʒépit]
manga (f)	mëngë (f)	[méŋə]
ganchinho (m)	hallkë për varje (f)	[háɫkə pər várjɛ]
bragueta (f)	zinxhir (m)	[zindʒír]

zíper (m)	zinxhir (m)	[zindʒír]
colchete (m)	kapëse (f)	[kápəsɛ]
botão (m)	kopsë (f)	[kópsə]

botoeira (casa de botão)	**vrimë kopse** (f)	[vrímə kópsɛ]
soltar-se (vr)	**këputet**	[kəpútɛt]

costurar (vi)	**qep**	[cɛp]
bordar (vt)	**qëndis**	[cəndís]
bordado (m)	**qëndisje** (f)	[cəndísjɛ]
agulha (f)	**gjilpërë për qepje** (f)	[ɟilpérə pər cépjɛ]
fio, linha (f)	**pe** (m)	[pɛ]
costura (f)	**tegel** (m)	[tɛgél]

sujar-se (vr)	**bëhem pis**	[bɛ́hɛm pis]
mancha (f)	**njollë** (f)	[ɲółə]
amarrotar-se (vr)	**zhubros**	[ʒubrós]
rasgar (vt)	**gris**	[gris]
traça (f)	**molë rrobash** (f)	[mólə róbaʃ]

33. Cuidados pessoais. Cosméticos

pasta (f) de dente	**pastë dhëmbësh** (f)	[pástə ðémbəʃ]
escova (f) de dente	**furçë dhëmbësh** (f)	[fúrtʃə ðémbəʃ]
escovar os dentes	**laj dhëmbët**	[laj ðémbət]

gilete (f)	**brisk** (m)	[brísk]
creme (m) de barbear	**pastë rroje** (f)	[pástə rójɛ]
barbear-se (vr)	**rruhem**	[rúhɛm]

sabonete (m)	**sapun** (m)	[sapún]
xampu (m)	**shampo** (f)	[ʃampó]

tesoura (f)	**gërshërë** (f)	[gərʃérə]
lixa (f) de unhas	**limë thonjsh** (f)	[límə θóɲʃ]
corta-unhas (m)	**prerëse thonjsh** (f)	[prérəsɛ θóɲʃ]
pinça (f)	**piskatore vetullash** (f)	[piskatórɛ vétułaʃ]

cosméticos (m pl)	**kozmetikë** (f)	[kozmɛtíkə]
máscara (f)	**maskë fytyre** (f)	[máskə fytýrɛ]
manicure (f)	**manikyr** (m)	[manikýr]
fazer as unhas	**bëj manikyr**	[bəj manikýr]
pedicure (f)	**pedikyr** (m)	[pɛdikýr]

bolsa (f) de maquiagem	**çantë kozmetike** (f)	[tʃántə kozmɛtíkɛ]
pó (de arroz)	**pudër fytyre** (f)	[púdər fytýrɛ]
pó (m) compacto	**pudër kompakte** (f)	[púdər kompáktɛ]
blush (m)	**ruzh** (m)	[ruʒ]

perfume (m)	**parfum** (m)	[parfúm]
água-de-colônia (f)	**parfum** (m)	[parfúm]
loção (f)	**krem** (m)	[krɛm]
colônia (f)	**kolonjë** (f)	[kolóɲə]

sombra (f) de olhos	**rimel** (m)	[rimél]
delineador (m)	**laps për sy** (m)	[láps pər sy]
máscara (f), rímel (m)	**rimel** (m)	[rimél]
batom (m)	**buzëkuq** (m)	[buzəkúc]

esmalte (m)	llak për thonj (m)	[ɫak pər θóɲ]
laquê (m), spray fixador (m)	llak flokësh (m)	[ɫak flókəʃ]
desodorante (m)	deodorant (m)	[dɛodoránt]

creme (m)	krem (m)	[krɛm]
creme (m) de rosto	krem për fytyrë (m)	[krɛm pər fytýrə]
creme (m) de mãos	krem për duar (m)	[krɛm pər dúar]
creme (m) antirrugas	krem kundër rrudhave (m)	[krɛm kúndər rúðavɛ]
creme (m) de dia	krem dite (m)	[krɛm dítɛ]
creme (m) de noite	krem nate (m)	[krɛm nátɛ]
de dia	dite	[dítɛ]
da noite	nate	[nátɛ]

absorvente (m) interno	tampon (m)	[tampón]
papel (m) higiênico	letër higjienike (f)	[létər hiɟiɛníkɛ]
secador (m) de cabelo	tharëse flokësh (f)	[θárəsɛ flókəʃ]

34. Relógios de pulso. Relógios

relógio (m) de pulso	orë dore (f)	[órə dórɛ]
mostrador (m)	faqe e orës (f)	[fácɛ ɛ órəs]
ponteiro (m)	akrep (m)	[akrép]
bracelete (em aço)	rrip metalik ore (m)	[rip mɛtalík órɛ]
bracelete (em couro)	rrip ore (m)	[rip órɛ]

pilha (f)	bateri (f)	[batɛrí]
acabar (vi)	e shkarkuar	[ɛ ʃkarkúar]
trocar a pilha	ndërroj baterinë	[ndərój batɛrínə]
estar adiantado	kalon shpejt	[kalón ʃpéjt]
estar atrasado	ngel prapa	[ŋɛl prápa]

relógio (m) de parede	orë muri (f)	[órə múri]
ampulheta (f)	orë rëre (f)	[órə rərɛ]
relógio (m) de sol	orë diellore (f)	[órə diɛɫórɛ]
despertador (m)	orë me zile (f)	[órə mɛ zílɛ]
relojoeiro (m)	orëndreqës (m)	[orəndrécəs]
reparar (vt)	ndreq	[ndréc]

Alimentação. Nutrição

35. Comida

carne (f)	mish (m)	[miʃ]
galinha (f)	pulë (f)	[púlə]
frango (m)	mish pule (m)	[miʃ púlɛ]
pato (m)	rosë (f)	[rósə]
ganso (m)	patë (f)	[pátə]
caça (f)	gjah (m)	[ɟáh]
peru (m)	mish gjel deti (m)	[miʃ ɟɛl déti]

carne (f) de porco	mish derri (m)	[miʃ déri]
carne (f) de vitela	mish viçi (m)	[miʃ vítʃi]
carne (f) de carneiro	mish qengji (m)	[miʃ cénɟi]
carne (f) de vaca	mish lope (m)	[miʃ lópɛ]
carne (f) de coelho	mish lepuri (m)	[miʃ lépuri]

linguiça (f), salsichão (m)	salsiçe (f)	[salsítʃɛ]
salsicha (f)	salsiçe vjeneze (f)	[salsítʃɛ vjɛnézɛ]
bacon (m)	proshutë (f)	[proʃútə]
presunto (m)	sallam (m)	[saɫám]
pernil (m) de porco	kofshë derri (f)	[kófʃə déri]

patê (m)	pate (f)	[paté]
fígado (m)	mëlçi (f)	[məltʃí]
guisado (m)	hamburger (m)	[hamburgér]
língua (f)	gjuhë (f)	[ɟúhə]

ovo (m)	ve (f)	[vɛ]
ovos (m pl)	vezë (pl)	[vézə]
clara (f) de ovo	e bardhë veze (f)	[ɛ bárðə vézɛ]
gema (f) de ovo	e verdhë veze (f)	[ɛ vérðə vézɛ]

peixe (m)	peshk (m)	[pɛʃk]
mariscos (m pl)	fruta deti (pl)	[frúta déti]
crustáceos (m pl)	krustace (pl)	[krustátsɛ]
caviar (m)	havjar (m)	[havjár]

caranguejo (m)	gaforre (f)	[gafórɛ]
camarão (m)	karkalec (m)	[karkaléts]
ostra (f)	midhje (f)	[míðjɛ]
lagosta (f)	karavidhe (f)	[karavíðɛ]
polvo (m)	oktapod (m)	[oktapód]
lula (f)	kallamarë (f)	[kaɫamárə]

esturjão (m)	bli (m)	[blí]
salmão (m)	salmon (m)	[salmón]
halibute (m)	shojzë e Atlantikut Verior (f)	[ʃójzə ɛ atlantíkut vɛriór]
bacalhau (m)	merluc (m)	[mɛrlúts]

cavala, sarda (f)	skumbri (m)	[skúmbri]
atum (m)	tunë (f)	[túnə]
enguia (f)	ngjalë (f)	[ŋɟálə]
truta (f)	troftë (f)	[tróftə]
sardinha (f)	sardele (f)	[sardélɛ]
lúcio (m)	mlysh (m)	[mlýʃ]
arenque (m)	harengë (f)	[haréŋə]
pão (m)	bukë (f)	[búkə]
queijo (m)	djath (m)	[djáθ]
açúcar (m)	sheqer (m)	[ʃɛcér]
sal (m)	kripë (f)	[krípə]
arroz (m)	oriz (m)	[oríz]
massas (f pl)	makarona (f)	[makaróna]
talharim, miojo (m)	makarona petë (f)	[makaróna pétə]
manteiga (f)	gjalp (m)	[ɟalp]
óleo (m) vegetal	vaj vegjetal (m)	[vaj vɛɟɛtál]
óleo (m) de girassol	vaj luledielli (m)	[vaj lulɛdiéɬi]
margarina (f)	margarinë (f)	[margarínə]
azeitonas (f pl)	ullinj (pl)	[uɬíɲ]
azeite (m)	vaj ulliri (m)	[vaj uɬíri]
leite (m)	qumësht (m)	[cúməʃt]
leite (m) condensado	qumësht i kondensuar (m)	[cúməʃt i kondɛnsúar]
iogurte (m)	kos (m)	[kos]
creme (m) azedo	salcë kosi (f)	[sáltsə kosi]
creme (m) de leite	krem qumështi (m)	[krɛm cúməʃti]
maionese (f)	majonezë (f)	[majonézə]
creme (m)	krem gjalpi (m)	[krɛm ɟálpi]
grãos (m pl) de cereais	drithëra (pl)	[dríθəra]
farinha (f)	miell (m)	[míɛɬ]
enlatados (m pl)	konserva (f)	[konsérva]
flocos (m pl) de milho	kornfleiks (m)	[kornfléiks]
mel (m)	mjaltë (f)	[mjáltə]
geleia (m)	reçel (m)	[rɛtʃél]
chiclete (m)	çamçakëz (m)	[tʃamtʃakéz]

36. Bebidas

água (f)	ujë (m)	[újə]
água (f) potável	ujë i pijshëm (m)	[újə i píjʃəm]
água (f) mineral	ujë mineral (m)	[újə minɛrál]
sem gás (adj)	ujë natyral	[újə natyrál]
gaseificada (adj)	ujë i karbonuar	[újə i karbonúar]
com gás	ujë i gazuar	[újə i gazúar]
gelo (m)	akull (m)	[ákuɬ]

com gelo	me akull	[mɛ ákuɫ]
não alcoólico (adj)	jo alkoolik	[jo alkoolík]
refrigerante (m)	pije e lehtë (f)	[píjɛ ɛ léhtə]
refresco (m)	pije freskuese (f)	[píjɛ frɛskúɛsɛ]
limonada (f)	limonadë (f)	[limonádə]
bebidas (f pl) alcoólicas	likere (pl)	[likérɛ]
vinho (m)	verë (f)	[vérə]
vinho (m) branco	verë e bardhë (f)	[vérə ɛ bárðə]
vinho (m) tinto	verë e kuqe (f)	[vérə ɛ kúcɛ]
licor (m)	liker (m)	[likér]
champanhe (m)	shampanjë (f)	[ʃampáɲə]
vermute (m)	vermut (m)	[vɛrmút]
uísque (m)	uiski (m)	[víski]
vodca (f)	vodkë (f)	[vódkə]
gim (m)	xhin (m)	[dʒin]
conhaque (m)	konjak (m)	[koɲák]
rum (m)	rum (m)	[rum]
café (m)	kafe (f)	[káfɛ]
café (m) preto	kafe e zezë (f)	[káfɛ ɛ zézə]
café (m) com leite	kafe me qumësht (m)	[káfɛ mɛ cúməʃt]
cappuccino (m)	kapuçino (m)	[kaputʃíno]
café (m) solúvel	neskafe (f)	[nɛskáfɛ]
leite (m)	qumësht (m)	[cúməʃt]
coquetel (m)	koktej (m)	[koktéj]
batida (f), milkshake (m)	milkshake (f)	[milkʃákɛ]
suco (m)	lëng frutash (m)	[ləŋ frútaʃ]
suco (m) de tomate	lëng domatesh (m)	[ləŋ domátɛʃ]
suco (m) de laranja	lëng portokalli (m)	[ləŋ portokáɫi]
suco (m) fresco	lëng frutash i freskët (m)	[ləŋ frútaʃ i fréskət]
cerveja (f)	birrë (f)	[bírə]
cerveja (f) clara	birrë e lehtë (f)	[bírə ɛ léhtə]
cerveja (f) preta	birrë e zezë (f)	[bírə ɛ zézə]
chá (m)	çaj (m)	[tʃáj]
chá (m) preto	çaj i zi (m)	[tʃáj i zí]
chá (m) verde	çaj jeshil (m)	[tʃáj jeʃíl]

37. Vegetais

vegetais (m pl)	perime (pl)	[pɛrímɛ]
verdura (f)	zarzavate (pl)	[zarzavátɛ]
tomate (m)	domate (f)	[domátɛ]
pepino (m)	kastravec (m)	[kastravéts]
cenoura (f)	karotë (f)	[karótə]
batata (f)	patate (f)	[patátɛ]
cebola (f)	qepë (f)	[cépə]

alho (m)	hudhër (f)	[húðər]
couve (f)	lakër (f)	[lákər]
couve-flor (f)	lulelakër (f)	[lulɛlákər]
couve-de-bruxelas (f)	lakër Brukseli (f)	[lákər brukséli]
brócolis (m pl)	brokoli (m)	[brókoli]

beterraba (f)	panxhar (m)	[pandʒár]
berinjela (f)	patëllxhan (m)	[patəɫdʒán]
abobrinha (f)	kungulleshë (m)	[kuŋuɫéʃə]
abóbora (f)	kungull (m)	[kúŋuɫ]
nabo (m)	rrepë (f)	[répə]

salsa (f)	majdanoz (m)	[majdanóz]
endro, aneto (m)	kopër (f)	[kópər]
alface (f)	sallatë jeshile (f)	[saɫátə jɛʃílɛ]
aipo (m)	selino (f)	[sɛlíno]
aspargo (m)	asparagus (m)	[asparágus]
espinafre (m)	spinaq (m)	[spinác]

ervilha (f)	bizele (f)	[bizélɛ]
feijão (~ soja, etc.)	fasule (f)	[fasúlɛ]
milho (m)	misër (m)	[mísər]
feijão (m) roxo	groshë (f)	[gróʃə]

pimentão (m)	spec (m)	[spɛts]
rabanete (m)	rrepkë (f)	[répkə]
alcachofra (f)	angjinare (f)	[anɟinárɛ]

38. Frutos. Nozes

fruta (f)	frut (m)	[frut]
maçã (f)	mollë (f)	[móɫə]
pera (f)	dardhë (f)	[dárðə]
limão (m)	limon (m)	[limón]
laranja (f)	portokall (m)	[portokáɫ]
morango (m)	luleshtrydhe (f)	[lulɛʃtrýðɛ]

tangerina (f)	mandarinë (f)	[mandarínə]
ameixa (f)	kumbull (f)	[kúmbuɫ]
pêssego (m)	pjeshkë (f)	[pjéʃkə]
damasco (m)	kajsi (f)	[kajsí]
framboesa (f)	mjedër (f)	[mjédər]
abacaxi (m)	ananas (m)	[ananás]

banana (f)	banane (f)	[banánɛ]
melancia (f)	shalqi (m)	[ʃalcí]
uva (f)	rrush (m)	[ruʃ]
ginja (f)	qershi vishnje (f)	[cɛrʃí víʃnɛ]
cereja (f)	qershi (f)	[cɛrʃí]
melão (m)	pjepër (m)	[pjépər]

toranja (f)	grejpfrut (m)	[grɛjpfrút]
abacate (m)	avokado (f)	[avokádo]
mamão (m)	papaja (f)	[papája]

| manga (f) | mango (f) | [máŋo] |
| romã (f) | shegë (f) | [ʃégə] |

groselha (f) vermelha	kaliboba e kuqe (f)	[kalibóba ɛ kúcɛ]
groselha (f) negra	kaliboba e zezë (f)	[kalibóba ɛ zézə]
groselha (f) espinhosa	kulumbri (f)	[kulumbrí]
mirtilo (m)	boronicë (f)	[boronítsə]
amora (f) silvestre	manaferra (f)	[manaféra]

passa (f)	rrush i thatë (m)	[ruʃ i θátə]
figo (m)	fik (m)	[fik]
tâmara (f)	hurmë (f)	[húrmə]

amendoim (m)	kikirik (m)	[kikirík]
amêndoa (f)	bajame (f)	[bajámɛ]
noz (f)	arrë (f)	[árə]
avelã (f)	lajthi (f)	[lajθí]
coco (m)	arrë kokosi (f)	[árə kokósi]
pistaches (m pl)	fëstëk (m)	[fəstə́k]

39. Pão. Bolaria

pastelaria (f)	ëmbëlsira (pl)	[əmbəlsíra]
pão (m)	bukë (f)	[búkə]
biscoito (m), bolacha (f)	biskota (pl)	[biskóta]

chocolate (m)	çokollatë (f)	[tʃokoɫátə]
de chocolate	prej çokollate	[prɛj tʃokoɫátɛ]
bala (f)	karamele (f)	[karamélɛ]
doce (bolo pequeno)	kek (m)	[kék]
bolo (m) de aniversário	tortë (f)	[tórtə]

| torta (f) | tortë (f) | [tórtə] |
| recheio (m) | mbushje (f) | [mbúʃɛ] |

geleia (m)	reçel (m)	[rɛtʃél]
marmelada (f)	marmelatë (f)	[marmɛlátə]
wafers (m pl)	vafera (pl)	[vaféra]
sorvete (m)	akullore (f)	[akuɫórɛ]
pudim (m)	puding (m)	[pudíŋ]

40. Pratos cozinhados

prato (m)	pjatë (f)	[pjátə]
cozinha (~ portuguesa)	kuzhinë (f)	[kuʒínə]
receita (f)	recetë (f)	[rɛtsétə]
porção (f)	racion (m)	[ratsión]

salada (f)	sallatë (f)	[saɫátə]
sopa (f)	supë (f)	[súpə]
caldo (m)	lëng mishi (m)	[ləŋ míʃi]
sanduíche (m)	sandviç (m)	[sandvítʃ]

ovos (m pl) fritos	vezë të skuqura (pl)	[vézə tə skúcura]
hambúrguer (m)	hamburger	[hamburgér]
bife (m)	biftek (m)	[bifték]

acompanhamento (m)	garniturë (f)	[garnitúrə]
espaguete (m)	shpageti (pl)	[ʃpagéti]
purê (m) de batata	pure patatesh (f)	[puré patátɛʃ]
pizza (f)	pica (f)	[pítsa]
mingau (m)	qull (m)	[cuɫ]
omelete (f)	omëletë (f)	[oməlétə]

fervido (adj)	i zier	[i zíɛr]
defumado (adj)	i tymosur	[i tymósur]
frito (adj)	i skuqur	[i skúcur]
seco (adj)	i tharë	[i θárə]
congelado (adj)	i ngrirë	[i ŋrírə]
em conserva (adj)	i marinuar	[i marinúar]

doce (adj)	i ëmbël	[i émbəl]
salgado (adj)	i kripur	[i krípur]
frio (adj)	i ftohtë	[i ftóhtə]
quente (adj)	i nxehtë	[i ndzéhtə]
amargo (adj)	i hidhur	[i híður]
gostoso (adj)	i shijshëm	[i ʃíʃəm]

cozinhar em água fervente	ziej	[zíɛj]
preparar (vt)	gatuaj	[gatúaj]
fritar (vt)	skuq	[skuc]
aquecer (vt)	ngroh	[ŋróh]

salgar (vt)	hedh kripë	[hɛð krípə]
apimentar (vt)	hedh piper	[hɛð pipér]
ralar (vt)	rendoj	[rɛndój]
casca (f)	lëkurë (f)	[ləkúrə]
descascar (vt)	qëroj	[cərój]

41. Especiarias

sal (m)	kripë (f)	[krípə]
salgado (adj)	i kripur	[i krípur]
salgar (vt)	hedh kripë	[hɛð krípə]

pimenta-do-reino (f)	piper i zi (m)	[pipér i zi]
pimenta (f) vermelha	piper i kuq (m)	[pipér i kuc]
mostarda (f)	mustardë (f)	[mustárdə]
raiz-forte (f)	rrepë djegëse (f)	[répə djégəsɛ]

condimento (m)	salcë (f)	[sáltsə]
especiaria (f)	erëz (f)	[érəz]
molho (~ inglês)	salcë (f)	[sáltsə]
vinagre (m)	uthull (f)	[úθuɫ]

anis estrelado (m)	anisetë (f)	[anisétə]
manjericão (m)	borzilok (m)	[borzilók]

cravo (m)	karafil (m)	[karafíl]
gengibre (m)	xhenxhefil (m)	[dʒɛndʒɛfíl]
coentro (m)	koriandër (m)	[koriándər]
canela (f)	kanellë (f)	[kanéɬə]

gergelim (m)	susam (m)	[susám]
folha (f) de louro	gjeth dafine (m)	[ɉɛθ dafínɛ]
páprica (f)	spec (m)	[spɛts]
cominho (m)	kumin (m)	[kumín]
açafrão (m)	shafran (m)	[ʃafrán]

42. Refeições

| comida (f) | ushqim (m) | [uʃcím] |
| comer (vt) | ha | [ha] |

café (m) da manhã	mëngjes (m)	[mənɉés]
tomar café da manhã	ha mëngjes	[ha mənɉés]
almoço (m)	drekë (f)	[drékə]
almoçar (vi)	ha drekë	[ha drékə]
jantar (m)	darkë (f)	[dárkə]
jantar (vi)	ha darkë	[ha dárkə]

| apetite (m) | oreks (m) | [oréks] |
| Bom apetite! | Të bëftë mirë! | [tə bəftə mírə!] |

abrir (~ uma lata, etc.)	hap	[hap]
derramar (~ líquido)	derdh	[dérð]
derramar-se (vr)	derdhje	[dérðjɛ]

ferver (vi)	ziej	[zíɛj]
ferver (vt)	ziej	[zíɛj]
fervido (adj)	i zier	[i zíɛr]
esfriar (vt)	ftoh	[ftoh]
esfriar-se (vr)	ftohje	[ftóhjɛ]

| sabor, gosto (m) | shije (f) | [ʃíjɛ] |
| fim (m) de boca | shije (f) | [ʃíjɛ] |

emagrecer (vi)	dobësohem	[dobəsóhɛm]
dieta (f)	dietë (f)	[diétə]
vitamina (f)	vitaminë (f)	[vitamínə]
caloria (f)	kalori (f)	[kalorí]

| vegetariano (m) | vegjetarian (m) | [vɛɉɛtarián] |
| vegetariano (adj) | vegjetarian | [vɛɉɛtarián] |

gorduras (f pl)	yndyrë (f)	[yndýrə]
proteínas (f pl)	proteinë (f)	[protɛínə]
carboidratos (m pl)	karbohidrat (m)	[karbohidrát]

fatia (~ de limão, etc.)	fetë (f)	[fétə]
pedaço (~ de bolo)	copë (f)	[tsópə]
migalha (f), farelo (m)	dromcë (f)	[drómtsə]

43. Por a mesa

colher (f)	lugë (f)	[lúgə]
faca (f)	thikë (f)	[θíkə]
garfo (m)	pirun (m)	[pirún]
xícara (f)	filxhan (m)	[fildʒán]
prato (m)	pjatë (f)	[pjátə]
pires (m)	pjatë filxhani (f)	[pjátə fildʒáni]
guardanapo (m)	pecetë (f)	[pɛtsétə]
palito (m)	kruajtëse dhëmbësh (f)	[krúajtəsɛ ðémbəʃ]

44. Restaurante

restaurante (m)	restorant (m)	[rɛstoránt]
cafeteria (f)	kafene (f)	[kafɛné]
bar (m), cervejaria (f)	pab (m), pijetore (f)	[pab], [pijɛtórɛ]
salão (m) de chá	çajtore (f)	[tʃajtórɛ]
garçom (m)	kamerier (m)	[kamɛriéɾ]
garçonete (f)	kameriere (f)	[kamɛriéɾɛ]
barman (m)	banakier (m)	[banakiéɾ]
cardápio (m)	menu (f)	[mɛnú]
lista (f) de vinhos	menu verërash (f)	[mɛnú vérəraʃ]
reservar uma mesa	rezervoj një tavolinë	[rɛzɛrvój ɲə tavolínə]
prato (m)	pjatë (f)	[pjátə]
pedir (vt)	porosis	[porosís]
fazer o pedido	bëj porosinë	[bəj porosínə]
aperitivo (m)	aperitiv (m)	[apɛritív]
entrada (f)	antipastë (f)	[antipástə]
sobremesa (f)	ëmbëlsirë (f)	[əmbəlsírə]
conta (f)	faturë (f)	[fatúrə]
pagar a conta	paguaj faturën	[pagúaj fatúrən]
dar o troco	jap kusur	[jap kusúɾ]
gorjeta (f)	bakshish (m)	[bakʃíʃ]

Família, parentes e amigos

45. Informação pessoal. Formulários

nome (m)	emër (m)	[émər]
sobrenome (m)	mbiemër (m)	[mbiémər]
data (f) de nascimento	datëlindje (f)	[datəlíndjɛ]
local (m) de nascimento	vendlindje (f)	[vɛndlíndjɛ]
nacionalidade (f)	kombësi (f)	[kombəsí]
lugar (m) de residência	vendbanim (m)	[vɛndbaním]
país (m)	shtet (m)	[ʃtɛt]
profissão (f)	profesion (m)	[profɛsión]
sexo (m)	gjinia (f)	[ɟinía]
estatura (f)	gjatësia (f)	[ɟatəsía]
peso (m)	peshë (f)	[péʃə]

46. Membros da família. Parentes

mãe (f)	nënë (f)	[nénə]
pai (m)	baba (f)	[babá]
filho (m)	bir (m)	[bir]
filha (f)	bijë (f)	[bíjə]
caçula (f)	vajza e vogël (f)	[vájza ɛ vógəl]
caçula (m)	djali i vogël (m)	[djáli i vógəl]
filha (f) mais velha	vajza e madhe (f)	[vájza ɛ máðɛ]
filho (m) mais velho	djali i vogël (m)	[djáli i vógəl]
irmão (m)	vëlla (m)	[vəɫá]
irmão (m) mais velho	vëllai i madh (m)	[vəɫái i mað]
irmão (m) mais novo	vëllai i vogël (m)	[vəɫai i vógəl]
irmã (f)	motër (f)	[mótər]
irmã (f) mais velha	motra e madhe (f)	[mótra ɛ máðɛ]
irmã (f) mais nova	motra e vogël (f)	[mótra ɛ vógəl]
primo (m)	kushëri (m)	[kuʃərí]
prima (f)	kushërirë (f)	[kuʃərírə]
mamãe (f)	mami (f)	[mámi]
papai (m)	babi (m)	[bábi]
pais (pl)	prindër (pl)	[príndər]
criança (f)	fëmijë (f)	[fəmíjə]
crianças (f pl)	fëmijë (pl)	[fəmíjə]
avó (f)	gjyshe (f)	[ɟýʃɛ]
avô (m)	gjysh (m)	[ɟyʃ]

neto (m)	nip (m)	[nip]
neta (f)	mbesë (f)	[mbésə]
netos (pl)	nipër e mbesa (pl)	[nípər ɛ mbésa]
tio (m)	dajë (f)	[dájə]
tia (f)	teze (f)	[tézɛ]
sobrinho (m)	nip (m)	[nip]
sobrinha (f)	mbesë (f)	[mbésə]
sogra (f)	vjehrrë (f)	[vjéhrə]
sogro (m)	vjehrri (m)	[vjéhri]
genro (m)	dhëndër (m)	[ðéndər]
madrasta (f)	njerkë (f)	[ɲérkə]
padrasto (m)	njerk (m)	[ɲérk]
criança (f) de colo	foshnjë (f)	[fóʃnə]
bebê (m)	fëmijë (f)	[fəmíjə]
menino (m)	djalosh (m)	[djalóʃ]
mulher (f)	bashkëshorte (f)	[baʃkəʃórtɛ]
marido (m)	bashkëshort (m)	[baʃkəʃórt]
esposo (m)	bashkëshort (m)	[baʃkəʃórt]
esposa (f)	bashkëshorte (f)	[baʃkəʃórtɛ]
casado (adj)	i martuar	[i martúar]
casada (adj)	e martuar	[ɛ martúar]
solteiro (adj)	beqar	[bɛcár]
solteirão (m)	beqar (m)	[bɛcár]
divorciado (adj)	i divorcuar	[i divortsúar]
viúva (f)	vejushë (f)	[vɛjúʃə]
viúvo (m)	vejan (m)	[vɛján]
parente (m)	kushëri (m)	[kuʃərí]
parente (m) próximo	kushëri i afërt (m)	[kuʃərí i áfərt]
parente (m) distante	kushëri i largët (m)	[kuʃərí i lárgət]
parentes (m pl)	kushërinj (pl)	[kuʃəríɲ]
órfão (m)	jetim (m)	[jɛtím]
órfã (f)	jetime (f)	[jɛtímɛ]
tutor (m)	kujdestar (m)	[kujdɛstár]
adotar (um filho)	adoptoj	[adoptój]
adotar (uma filha)	adoptoj	[adoptój]

Medicina

47. Doenças

doença (f)	sëmundje (f)	[səmúndjɛ]
estar doente	jam sëmurë	[jam səmúrə]
saúde (f)	shëndet (m)	[ʃəndét]
nariz (m) escorrendo	rrifë (f)	[rífə]
amigdalite (f)	grykët (m)	[grýkət]
resfriado (m)	ftohje (f)	[ftóhjɛ]
ficar resfriado	ftohem	[ftóhɛm]
bronquite (f)	bronkit (m)	[bronkít]
pneumonia (f)	pneumoni (f)	[pnɛumoní]
gripe (f)	grip (m)	[grip]
míope (adj)	miop	[mióp]
presbita (adj)	presbit	[prɛsbít]
estrabismo (m)	strabizëm (m)	[strabízəm]
estrábico, vesgo (adj)	strabik	[strabík]
catarata (f)	katarakt (m)	[katarákt]
glaucoma (m)	glaukoma (f)	[glaukóma]
AVC (m), apoplexia (f)	goditje (f)	[godítjɛ]
ataque (m) cardíaco	sulm në zemër (m)	[sulm nə zémər]
enfarte (m) do miocárdio	infarkt miokardiak (m)	[infárkt miokardiák]
paralisia (f)	paralizë (f)	[paralízə]
paralisar (vt)	paralizoj	[paralizój]
alergia (f)	alergji (f)	[alɛɾɟí]
asma (f)	astmë (f)	[ástmə]
diabetes (f)	diabet (m)	[diabét]
dor (f) de dente	dhimbje dhëmbi (f)	[ðímbjɛ ðémbi]
cárie (f)	karies (m)	[kariés]
diarreia (f)	diarre (f)	[diaré]
prisão (f) de ventre	kapsllëk (m)	[kapsɫék]
desarranjo (m) intestinal	dispepsi (f)	[dispɛpsí]
intoxicação (f) alimentar	helmim (m)	[hɛlmím]
intoxicar-se	helmohem nga ushqimi	[hɛlmóhɛm ŋa uʃcími]
artrite (f)	artrit (m)	[artrít]
raquitismo (m)	rakit (m)	[rakít]
reumatismo (m)	reumatizëm (m)	[rɛumatízəm]
arteriosclerose (f)	arteriosklerozë (f)	[artɛrioskɫerózə]
gastrite (f)	gastrit (m)	[gastrít]
apendicite (f)	apendicit (m)	[apɛnditsít]

colecistite (f)	kolecistit (m)	[kolɛtsistít]
úlcera (f)	ulcerë (f)	[ultsérə]

sarampo (m)	fruth (m)	[fruθ]
rubéola (f)	rubeola (f)	[rubɛóla]
icterícia (f)	verdhëza (f)	[vérðəza]
hepatite (f)	hepatit (m)	[hɛpatít]

esquizofrenia (f)	skizofreni (f)	[skizofrɛní]
raiva (f)	sëmundje e tërbimit (f)	[səmúndjɛ ɛ tərbímit]
neurose (f)	neurozë (f)	[nɛurózə]
contusão (f) cerebral	tronditje (f)	[trondítjɛ]

câncer (m)	kancer (m)	[kantsér]
esclerose (f)	sklerozë (f)	[sklɛrózə]
esclerose (f) múltipla	sklerozë e shumëfishtë (f)	[sklɛrózə ɛ ʃuməfíʃtə]

alcoolismo (m)	alkoolizëm (m)	[alkoolízəm]
alcoólico (m)	alkoolik (m)	[alkoolík]
sífilis (f)	sifiliz (m)	[sifilíz]
AIDS (f)	SIDA (f)	[sída]

tumor (m)	tumor (m)	[tumór]
maligno (adj)	malinj	[malíɲ]
benigno (adj)	beninj	[bɛníɲ]

febre (f)	ethe (f)	[éθɛ]
malária (f)	malarie (f)	[malaríɛ]
gangrena (f)	gangrenë (f)	[gaɲrénə]
enjoo (m)	sëmundje deti (f)	[səmúndjɛ déti]
epilepsia (f)	epilepsi (f)	[ɛpilɛpsí]

epidemia (f)	epidemi (f)	[ɛpidɛmí]
tifo (m)	tifo (f)	[tífo]
tuberculose (f)	tuberkuloz (f)	[tubɛrkulóz]
cólera (f)	kolerë (f)	[kolérə]
peste (f) bubônica	murtaja (f)	[murtája]

48. Sintomas. Tratamentos. Parte 1

sintoma (m)	simptomë (f)	[simptómə]
temperatura (f)	temperaturë (f)	[tɛmpɛratúrə]
febre (f)	temperaturë e lartë (f)	[tɛmpɛratúrə ɛ lártə]
pulso (m)	puls (m)	[puls]

vertigem (f)	marrje mendsh (m)	[márjɛ méndʃ]
quente (testa, etc.)	i nxehtë	[i ndzéhtə]
calafrio (m)	drithërima (f)	[driθəríma]
pálido (adj)	i zbehur	[i zbéhur]

tosse (f)	kollë (f)	[kółə]
tossir (vi)	kollitem	[kołítɛm]
espirrar (vi)	teshtij	[tɛʃtij]
desmaio (m)	të fikët (f)	[tə fíkət]

desmaiar (vi)	bie të fikët	[bíɛ tə fíkət]
mancha (f) preta	mavijosje (f)	[mavijósjɛ]
galo (m)	gungë (f)	[gúŋə]
machucar-se (vr)	godas	[godás]
contusão (f)	lëndim (m)	[ləndím]
machucar-se (vr)	lëndohem	[ləndóhɛm]

mancar (vi)	çaloj	[tʃalój]
deslocamento (f)	dislokim (m)	[dislokím]
deslocar (vt)	del nga vendi	[dɛl ŋa véndi]
fratura (f)	thyerje (f)	[θýɛrjɛ]
fraturar (vt)	thyej	[θýɛj]

corte (m)	e prerë (f)	[ɛ prérə]
cortar-se (vr)	pres veten	[prɛs vétɛn]
hemorragia (f)	rrjedhje gjaku (f)	[rjéðjɛ ɟáku]

queimadura (f)	djegie (f)	[djégiɛ]
queimar-se (vr)	digjem	[díɟɛm]

picar (vt)	shpoj	[ʃpoj]
picar-se (vr)	shpohem	[ʃpóhɛm]
lesionar (vt)	dëmtoj	[dəmtój]
lesão (m)	dëmtim (m)	[dəmtím]
ferida (f), ferimento (m)	plagë (f)	[plágə]
trauma (m)	traumë (f)	[traúmə]

delirar (vi)	fol përçart	[fól pərtʃárt]
gaguejar (vi)	belbëzoj	[bɛlbəzój]
insolação (f)	pikë e diellit (f)	[píkə ɛ diéłit]

49. Sintomas. Tratamentos. Parte 2

dor (f)	dhimbje (f)	[ðímbjɛ]
farpa (no dedo, etc.)	cifël (f)	[tsífəl]

suor (m)	djersë (f)	[djérsə]
suar (vi)	djersij	[djɛrsíj]
vômito (m)	të vjella (f)	[tə vjéła]
convulsões (f pl)	konvulsione (f)	[konvulsiónɛ]

grávida (adj)	shtatzënë	[ʃtatzénə]
nascer (vi)	lind	[lind]
parto (m)	lindje (f)	[líndjɛ]
dar à luz	sjell në jetë	[sjɛł nə jétə]
aborto (m)	abort (m)	[abórt]

respiração (f)	frymëmarrje (f)	[fryməmárjɛ]
inspiração (f)	mbajtje e frymës (f)	[mbájtjɛ ɛ frýməs]
expiração (f)	lëshim i frymës (m)	[ləʃím i frýməs]
expirar (vi)	nxjerr frymën	[ndzjér frýmən]
inspirar (vi)	marr frymë	[mar frýmə]
inválido (m)	invalid (m)	[invalíd]
aleijado (m)	i gjymtuar (m)	[i ɟymtúar]

drogado (m)	narkoman (m)	[narkomán]
surdo (adj)	shurdh	[ʃurð]
mudo (adj)	memec	[mɛméts]
surdo-mudo (adj)	shurdh-memec	[ʃurð-mɛméts]
louco, insano (adj)	i marrë	[i márə]
louco (m)	i çmendur (m)	[i tʃméndur]
louca (f)	e çmendur (f)	[ɛ tʃméndur]
ficar louco	çmendem	[tʃméndɛm]
gene (m)	gen (m)	[gɛn]
imunidade (f)	imunitet (m)	[imunitét]
hereditário (adj)	e trashëguar	[ɛ traʃəgúar]
congênito (adj)	e lindur	[ɛ líndur]
vírus (m)	virus (m)	[virús]
micróbio (m)	mikrob (m)	[mikrób]
bactéria (f)	bakterie (f)	[baktériɛ]
infecção (f)	infeksion (m)	[infɛksión]

50. Sintomas. Tratamentos. Parte 3

hospital (m)	spital (m)	[spitál]
paciente (m)	pacient (m)	[patsiént]
diagnóstico (m)	diagnozë (f)	[diagnózə]
cura (f)	kurë (f)	[kúrə]
tratamento (m) médico	trajtim mjekësor (m)	[trajtím mjɛkəsór]
curar-se (vr)	kurohem	[kuróhɛm]
tratar (vt)	kuroj	[kurój]
cuidar (pessoa)	kujdesem	[kujdésɛm]
cuidado (m)	kujdes (m)	[kujdés]
operação (f)	operacion (m)	[opɛratsión]
enfaixar (vt)	fashoj	[faʃój]
enfaixamento (m)	fashim (m)	[faʃím]
vacinação (f)	vaksinim (m)	[vaksiním]
vacinar (vt)	vaksinoj	[vaksinój]
injeção (f)	injeksion (m)	[iɲɛksión]
dar uma injeção	bëj injeksion	[bəj iɲɛksíon]
ataque (~ de asma, etc.)	atak (m)	[aták]
amputação (f)	amputim (m)	[amputím]
amputar (vt)	amputoj	[amputój]
coma (f)	komë (f)	[kómə]
estar em coma	jam në komë	[jam nə kómə]
reanimação (f)	kujdes intensiv (m)	[kujdés intɛnsív]
recuperar-se (vr)	shërohem	[ʃəróhɛm]
estado (~ de saúde)	gjendje (f)	[ɟéndjɛ]
consciência (perder a ~)	vetëdije (f)	[vɛtədíjɛ]
memória (f)	kujtesë (f)	[kujtésə]
tirar (vt)	heq	[hɛc]

| obturação (f) | mbushje (f) | [mbúʃʃɛ] |
| obturar (vt) | mbush | [mbúʃ] |

| hipnose (f) | hipnozë (f) | [hipnózə] |
| hipnotizar (vt) | hipnotizim | [hipnotizím] |

51. Médicos

médico (m)	mjek (m)	[mjék]
enfermeira (f)	infermiere (f)	[infɛrmiérɛ]
médico (m) pessoal	mjek personal (m)	[mjék pɛrsonál]

dentista (m)	dentist (m)	[dɛntíst]
oculista (m)	okulist (m)	[okulíst]
terapeuta (m)	mjek i përgjithshëm (m)	[mjék i pərɟíθʃəm]
cirurgião (m)	kirurg (m)	[kirúrg]

psiquiatra (m)	psikiatër (m)	[psikiátər]
pediatra (m)	pediatër (m)	[pɛdiátər]
psicólogo (m)	psikolog (m)	[psikológ]
ginecologista (m)	gjinekolog (m)	[ɟinɛkológ]
cardiologista (m)	kardiolog (m)	[kardiológ]

52. Medicina. Drogas. Acessórios

medicamento (m)	ilaç (m)	[ilátʃ]
remédio (m)	mjekim (m)	[mjɛkím]
receitar (vt)	shkruaj recetë	[ʃkrúaj rɛtsétə]
receita (f)	recetë (f)	[rɛtsétə]

comprimido (m)	pilulë (f)	[pilúlə]
unguento (m)	krem (m)	[krɛm]
ampola (f)	ampulë (f)	[ampúlə]
solução, preparado (m)	përzierje (f)	[pərzíɛrjɛ]
xarope (m)	shurup (m)	[ʃurúp]
cápsula (f)	pilulë (f)	[pilúlə]
pó (m)	pudër (f)	[púdər]

atadura (f)	fashë garze (f)	[faʃə gárzɛ]
algodão (m)	pambuk (m)	[pambúk]
iodo (m)	jod (m)	[jod]

curativo (m) adesivo	leukoplast (m)	[lɛukoplást]
conta-gotas (m)	pikatore (f)	[pikatórɛ]
termômetro (m)	termometër (m)	[tɛrmométər]
seringa (f)	shiringë (f)	[ʃiríŋə]

| cadeira (f) de rodas | karrocë me rrota (f) | [karótsə mɛ róta] |
| muletas (f pl) | paterica (f) | [patɛrítsa] |

| analgésico (m) | qetësues (m) | [cɛtəsúɛs] |
| laxante (m) | laksativ (m) | [laksatív] |

álcool (m)	**alkool dezinfektues** (m)	[alkoól dɛzinfɛktúɛs]
ervas (f pl) medicinais	**bimë mjekësore** (f)	[bímə mjɛkəsórɛ]
de ervas (chá ~)	**çaj bimor**	[tʃáj bimór]

HABITAT HUMANO

Cidade

53. Cidade. Vida na cidade

cidade (f)	qytet (m)	[cytét]
capital (f)	kryeqytet (m)	[kryɛcytét]
aldeia (f)	fshat (m)	[ffát]
mapa (m) da cidade	hartë e qytetit (f)	[hártə ɛ cytétit]
centro (m) da cidade	qendër e qytetit (f)	[céndər ɛ cytétit]
subúrbio (m)	periferi (f)	[pɛrifɛrí]
suburbano (adj)	periferik	[pɛrifɛrík]
periferia (f)	periferia (f)	[pɛrifɛría]
arredores (m pl)	periferia (f)	[pɛrifɛría]
quarteirão (m)	bllok pallatesh (m)	[błók pałátɛʃ]
quarteirão (m) residencial	bllok banimi (m)	[błók baními]
tráfego (m)	trafik (m)	[trafík]
semáforo (m)	semafor (m)	[sɛmafór]
transporte (m) público	transport publik (m)	[transpórt publík]
cruzamento (m)	kryqëzim (m)	[krycəzím]
faixa (f)	kalim për këmbësorë (m)	[kalím pər kəmbəsórə]
túnel (m) subterrâneo	nënkalim për këmbësorë (m)	[nənkalím pər kəmbəsórə]
cruzar, atravessar (vt)	kapërcej	[kapərtséj]
pedestre (m)	këmbësor (m)	[kəmbəsór]
calçada (f)	trotuar (m)	[trotuár]
ponte (f)	urë (f)	[úrə]
margem (f) do rio	breg lumi (m)	[brɛg lúmi]
fonte (f)	shatërvan (m)	[ʃatərván]
alameda (f)	rrugëz (m)	[rúgəz]
parque (m)	park (m)	[park]
bulevar (m)	bulevard (m)	[bulɛvárd]
praça (f)	shesh (m)	[ʃɛʃ]
avenida (f)	bulevard (m)	[bulɛvárd]
rua (f)	rrugë (f)	[rúgə]
travessa (f)	rrugë dytësore (f)	[rúgə dytəsórɛ]
beco (m) sem saída	rrugë pa krye (f)	[rúgə pa krýɛ]
casa (f)	shtëpi (f)	[ʃtəpí]
edifício, prédio (m)	ndërtesë (f)	[ndərtésə]
arranha-céu (m)	qiellgërvishtës (m)	[ciɛłgərvíʃtəs]
fachada (f)	fasadë (f)	[fasádə]
telhado (m)	çati (f)	[tʃatí]

janela (f)	dritare (f)	[dritárɛ]
arco (m)	hark (m)	[hárk]
coluna (f)	kolonë (f)	[kolónə]
esquina (f)	kënd (m)	[kə́nd]

vitrine (f)	vitrinë (f)	[vitrínə]
letreiro (m)	tabelë (f)	[tabélə]
cartaz (do filme, etc.)	poster (m)	[postér]
cartaz (m) publicitário	afishe reklamuese (f)	[afíʃɛ rɛklamúɛsɛ]
painel (m) publicitário	tabelë reklamash (f)	[tabélə rɛklámaʃ]

lixo (m)	plehra (f)	[pléhra]
lata (f) de lixo	kosh plehrash (m)	[koʃ pléhraʃ]
jogar lixo na rua	hedh mbeturina	[hɛð mbɛturína]
aterro (m) sanitário	deponi plehrash (f)	[dɛponí pléhraʃ]

orelhão (m)	kabinë telefonike (f)	[kabínə tɛlɛfoníkɛ]
poste (m) de luz	shtyllë dritash (f)	[ʃtýɫə drítaʃ]
banco (m)	stol (m)	[stol]

polícia (m)	polic (m)	[políts]
polícia (instituição)	polici (f)	[politsí]
mendigo, pedinte (m)	lypës (m)	[lýpəs]
desabrigado (m)	i pastrehë (m)	[i pastréhə]

54. Instituições urbanas

loja (f)	dyqan (m)	[dycán]
drogaria (f)	farmaci (f)	[farmatsí]
ótica (f)	optikë (f)	[optíkə]
centro (m) comercial	qendër tregtare (f)	[céndər trɛgtárɛ]
supermercado (m)	supermarket (m)	[supɛrmarkét]

padaria (f)	furrë (f)	[fúrə]
padeiro (m)	furrtar (m)	[furtár]
pastelaria (f)	pastiçeri (f)	[pastitʃɛrí]
mercearia (f)	dyqan ushqimor (m)	[dycán uʃcimór]
açougue (m)	dyqan mishi (m)	[dycán míʃi]

fruteira (f)	dyqan fruta-perimesh (m)	[dycán frúta-pɛrímɛʃ]
mercado (m)	treg (m)	[trɛg]

cafeteria (f)	kafene (f)	[kafɛné]
restaurante (m)	restorant (m)	[rɛstoránt]
bar (m)	pab (m), pijetore (f)	[pab], [pijɛtórɛ]
pizzaria (f)	piceri (f)	[pitsɛrí]

salão (m) de cabeleireiro	parukeri (f)	[parukɛrí]
agência (f) dos correios	zyrë postare (f)	[zýrə postárɛ]
lavanderia (f)	pastrim kimik (m)	[pastrím kimík]
estúdio (m) fotográfico	studio fotografike (f)	[stúdio fotografíkɛ]

sapataria (f)	dyqan këpucësh (m)	[dycán kəpútsəʃ]
livraria (f)	librari (f)	[librarí]

loja (f) de artigos esportivos	dyqan me mallra sportivë (m)	[dycán mɛ máłra sportívə]
costureira (m)	rrobaqepësi (f)	[robacɛpəsí]
aluguel (m) de roupa	dyqan veshjesh me qira (m)	[dycán véʃjɛʃ mɛ cirá]
videolocadora (f)	dyqan videosh me qira (m)	[dycán vídɛoʃ mɛ cirá]
circo (m)	cirk (m)	[tsírk]
jardim (m) zoológico	kopsht zoologjik (m)	[kópʃt zooloɟík]
cinema (m)	kinema (f)	[kinɛmá]
museu (m)	muze (m)	[muzé]
biblioteca (f)	bibliotekë (f)	[bibliotékə]
teatro (m)	teatër (m)	[tɛátər]
ópera (f)	opera (f)	[opéra]
boate (casa noturna)	klub nate (m)	[klúb nátɛ]
cassino (m)	kazino (f)	[kazíno]
mesquita (f)	xhami (f)	[dʒamí]
sinagoga (f)	sinagogë (f)	[sinagógə]
catedral (f)	katedrale (f)	[katɛdrálɛ]
templo (m)	tempull (m)	[témpuł]
igreja (f)	kishë (f)	[kíʃə]
faculdade (f)	kolegj (m)	[koléɟ]
universidade (f)	universitet (m)	[univɛrsitét]
escola (f)	shkollë (f)	[ʃkółə]
prefeitura (f)	prefekturë (f)	[prɛfɛktúrə]
câmara (f) municipal	bashki (f)	[baʃkí]
hotel (m)	hotel (m)	[hotél]
banco (m)	bankë (f)	[bánkə]
embaixada (f)	ambasadë (f)	[ambasádə]
agência (f) de viagens	agjenci udhëtimesh (f)	[aɟɛntsí uðətímɛʃ]
agência (f) de informações	zyrë informacioni (f)	[zýrə informatsióni]
casa (f) de câmbio	këmbim valutor (m)	[kəmbím valutór]
metrô (m)	metro (f)	[mɛtró]
hospital (m)	spital (m)	[spitál]
posto (m) de gasolina	pikë karburanti (f)	[píkə karburánti]
parque (m) de estacionamento	parking (m)	[parkíŋ]

55. Sinais

letreiro (m)	tabelë (f)	[tabélə]
aviso (m)	njoftim (m)	[ɲoftím]
cartaz, pôster (m)	poster (m)	[postér]
placa (f) de direção	tabelë drejtuese (f)	[tabélə drɛjtúɛsɛ]
seta (f)	shigjetë (f)	[ʃiɟétə]
aviso (advertência)	kujdes (m)	[kujdés]
sinal (m) de aviso	shenjë paralajmëruese (f)	[ʃéɲə paralajmərúɛsɛ]
avisar, advertir (vt)	paralajmëroj	[paralajmərój]

dia (m) de folga	ditë pushimi (f)	[dítə puʃími]
horário (~ dos trens, etc.)	orar (m)	[orár]
horário (m)	orari i punës (m)	[orári i púnəs]

BEM-VINDOS!	MIRË SE VINI!	[mírə sɛ víni!]
ENTRADA	HYRJE	[hýrjɛ]
SAÍDA	DALJE	[dáljɛ]

EMPURRE	SHTY	[ʃty]
PUXE	TËRHIQ	[tərhíc]
ABERTO	HAPUR	[hápur]
FECHADO	MBYLLUR	[mbýɫur]

MULHER	GRA	[gra]
HOMEM	BURRA	[búra]

DESCONTOS	ZBRITJE	[zbrítjɛ]
SALDOS, PROMOÇÃO	ULJE	[úljɛ]
NOVIDADE!	TË REJA!	[tə réja!]
GRÁTIS	FALAS	[fálas]

ATENÇÃO!	KUJDES!	[kujdés!]
NÃO HÁ VAGAS	NUK KA VENDE TË LIRA	[nuk ka véndɛ tə líra]
RESERVADO	E REZERVUAR	[ɛ rɛzɛrvúar]

ADMINISTRAÇÃO	ADMINISTRATA	[administráta]
SOMENTE PESSOAL AUTORIZADO	VETËM PËR STAFIN	[vétəm pər stáfin]

CUIDADO CÃO FEROZ	RUHUNI NGA QENI!	[rúhuni ŋa céni!]
PROIBIDO FUMAR!	NDALOHET DUHANI	[ndalóhɛt duháni]
NÃO TOCAR	MOS PREK!	[mos prék!]

PERIGOSO	TË RREZIKSHME	[tə rɛzíkʃmɛ]
PERIGO	RREZIK	[rɛzík]
ALTA TENSÃO	TENSION I LARTË	[tɛnsión i lártə]
PROIBIDO NADAR	NUK LEJOHET NOTI!	[nuk lɛjóhɛt nóti!]
COM DEFEITO	E PRISHUR	[ɛ príʃur]

INFLAMÁVEL	LËNDË DJEGËSE	[ləndə djégəsɛ]
PROIBIDO	E NDALUAR	[ɛ ndalúar]
ENTRADA PROIBIDA	NDALOHET HYRJA	[ndalóhɛt hýrja]
CUIDADO TINTA FRESCA	BOJË E FRESKËT	[bójə ɛ fréskət]

56. Transportes urbanos

ônibus (m)	autobus (m)	[autobús]
bonde (m) elétrico	tramvaj (m)	[tramváj]
trólebus (m)	autobus tramvaj (m)	[autobús tramváj]
rota (f), itinerário (m)	itinerar (m)	[itinɛrár]
número (m)	numër (m)	[númər]

ir de ... (carro, etc.)	udhëtoj me ...	[uðətój mɛ ...]
entrar no ...	hip	[hip]

descer do …	zbres …	[zbrɛs …]
parada (f)	stacion (m)	[statsión]
próxima parada (f)	stacioni tjetër (m)	[statsióni tjétər]
terminal (m)	terminal (m)	[tɛrminál]
horário (m)	orar (m)	[orár]
esperar (vt)	pres	[prɛs]

| passagem (f) | biletë (f) | [bilétə] |
| tarifa (f) | çmim bilete (m) | [tʃmím bilétɛ] |

bilheteiro (m)	shitës biletash (m)	[ʃítəs bilétaʃ]
controle (m) de passagens	kontroll biletash (m)	[kontrół bilétaʃ]
revisor (m)	kontrollues biletash (m)	[kontrołúɛs bilétaʃ]

atrasar-se (vr)	vonohem	[vonóhɛm]
perder (o autocarro, etc.)	humbas	[humbás]
estar com pressa	nxitoj	[ndzitój]

táxi (m)	taksi (m)	[táksi]
taxista (m)	shofer taksie (m)	[ʃofér taksíɛ]
de táxi (ir ~)	me taksi	[mɛ táksi]
ponto (m) de táxis	stacion taksish (m)	[statsión táksiʃ]
chamar um táxi	thërras taksi	[θərás táksi]
pegar um táxi	marr taksi	[mar táksi]

tráfego (m)	trafik (m)	[trafík]
engarrafamento (m)	bllokim trafiku (m)	[błokím trafíku]
horas (f pl) de pico	orë e trafikut të rëndë (f)	[órə ɛ trafíkut tə rəndə]
estacionar (vi)	parkoj	[parkój]
estacionar (vt)	parkim	[parkím]
parque (m) de estacionamento	parking (m)	[parkíɲ]

metrô (m)	metro (f)	[mɛtró]
estação (f)	stacion (m)	[statsión]
ir de metrô	shkoj me metro	[ʃkoj mɛ métro]
trem (m)	tren (m)	[trɛn]
estação (f) de trem	stacion treni (m)	[statsión tréni]

57. Turismo

monumento (m)	monument (m)	[monumént]
fortaleza (f)	kala (f)	[kalá]
palácio (m)	pallat (m)	[pałát]
castelo (m)	kështjellë (f)	[kəʃtjétə]
torre (f)	kullë (f)	[kútə]
mausoléu (m)	mauzoleum (m)	[mauzolɛúm]

arquitetura (f)	arkitekturë (f)	[arkitɛktúrə]
medieval (adj)	mesjetare	[mɛsjɛtárɛ]
antigo (adj)	e lashtë	[ɛ láʃtə]
nacional (adj)	kombëtare	[kombətárɛ]
famoso, conhecido (adj)	i famshëm	[i fámʃəm]
turista (m)	turist (m)	[turíst]
guia (pessoa)	udhërrëfyes (m)	[uðərəfýɛs]

excursão (f)	ekskursion (m)	[ɛkskursión]
mostrar (vt)	tregoj	[trɛgój]
contar (vt)	dëftoj	[dəftój]

encontrar (vt)	gjej	[ɟéj]
perder-se (vr)	humbas	[humbás]
mapa (~ do metrô)	hartë (f)	[hártə]
mapa (~ da cidade)	hartë (f)	[hártə]

lembrança (f), presente (m)	suvenir (m)	[suvɛnír]
loja (f) de presentes	dyqan dhuratash (m)	[dycán ðurátaʃ]
tirar fotos, fotografar	bëj foto	[bəj fóto]
fotografar-se (vr)	bëj fotografi	[bəj fotografí]

58. Compras

comprar (vt)	blej	[blɛj]
compra (f)	blerje (f)	[blérjɛ]
fazer compras	shkoj për pazar	[ʃkoj pər pazár]
compras (f pl)	pazar (m)	[pazár]

estar aberta (loja)	hapur	[hápur]
estar fechada	mbyllur	[mbýɫur]

calçado (m)	këpucë (f)	[kəpútsə]
roupa (f)	veshje (f)	[véʃjɛ]
cosméticos (m pl)	kozmetikë (f)	[kozmɛtíkə]
alimentos (m pl)	mallra ushqimore (f)	[máɫra uʃcimórɛ]
presente (m)	dhuratë (f)	[ðurátə]

vendedor (m)	shitës (m)	[ʃítəs]
vendedora (f)	shitëse (f)	[ʃítəsɛ]

caixa (f)	arkë (f)	[árkə]
espelho (m)	pasqyrë (f)	[pascýrə]
balcão (m)	banak (m)	[bának]
provador (m)	dhomë prove (f)	[ðómə próvɛ]

provar (vt)	provoj	[provój]
servir (roupa, caber)	më rri mirë	[mə ri mírə]
gostar (apreciar)	pëlqej	[pəlcéj]

preço (m)	çmim (m)	[tʃmím]
etiqueta (f) de preço	etiketa e çmimit (f)	[ɛtikéta ɛ tʃmímit]
custar (vt)	kushton	[kuʃtón]
Quanto?	Sa?	[sa?]
desconto (m)	ulje (f)	[úljɛ]

não caro (adj)	jo e shtrenjtë	[jo ɛ ʃtréɲtə]
barato (adj)	e lirë	[ɛ lírə]
caro (adj)	i shtrenjtë	[i ʃtréɲtə]
É caro	Është e shtrenjtë	[éʃtə ɛ ʃtréɲtə]
aluguel (m)	qiramarrje (f)	[ciramárjɛ]
alugar (roupas, etc.)	marr me qira	[mar mɛ cirá]

| crédito (m) | kredit (m) | [krɛdít] |
| a crédito | me kredi | [mɛ krɛdí] |

59. Dinheiro

dinheiro (m)	para (f)	[pará]
câmbio (m)	këmbim valutor (m)	[kəmbím valutór]
taxa (f) de câmbio	kurs këmbimi (m)	[kurs kəmbími]
caixa (m) eletrônico	bankomat (m)	[bankomát]
moeda (f)	monedhë (f)	[monéðə]

| dólar (m) | dollar (m) | [doɫár] |
| euro (m) | euro (f) | [éuro] |

lira (f)	lirë (f)	[lírə]
marco (m)	Marka gjermane (f)	[márka ɟɛrmánɛ]
franco (m)	franga (f)	[fráŋa]
libra (f) esterlina	sterlina angleze (f)	[stɛrlína aŋlézɛ]
iene (m)	jen (m)	[jén]

dívida (f)	borxh (m)	[bórdʒ]
devedor (m)	debitor (m)	[dɛbitór]
emprestar (vt)	jap hua	[jap huá]
pedir emprestado	marr hua	[mar huá]

banco (m)	bankë (f)	[bánkə]
conta (f)	llogari (f)	[ɫogarí]
depositar (vt)	depozitoj	[dɛpozitój]
depositar na conta	depozitoj në llogari	[dɛpozitój nə ɫogarí]
sacar (vt)	tërheq	[tərhéc]

cartão (m) de crédito	kartë krediti (f)	[kártə krɛdíti]
dinheiro (m) vivo	kesh (m)	[kɛʃ]
cheque (m)	çek (m)	[tʃɛk]
passar um cheque	lëshoj një çek	[ləʃój ɲə tʃék]
talão (m) de cheques	bllok çeqesh (m)	[bɫók tʃécɛʃ]

carteira (f)	portofol (m)	[portofól]
niqueleira (f)	kuletë (f)	[kulétə]
cofre (m)	kasafortë (f)	[kasafórtə]

herdeiro (m)	trashëgimtar (m)	[traʃəgimtár]
herança (f)	trashëgimi (f)	[traʃəgimí]
fortuna (riqueza)	pasuri (f)	[pasurí]

arrendamento (m)	qira (f)	[cirá]
aluguel (pagar o ~)	qiraja (f)	[cirája]
alugar (vt)	marr me qira	[mar mɛ cirá]

preço (m)	çmim (m)	[tʃmím]
custo (m)	kosto (f)	[kósto]
soma (f)	shumë (f)	[ʃúmə]
gastar (vt)	shpenzoj	[ʃpɛnzój]
gastos (m pl)	shpenzime (f)	[ʃpɛnzímɛ]

| economizar (vi) | kursej | [kurséj] |
| econômico (adj) | ekonomik | [εkonomík] |

pagar (vt)	paguaj	[pagúaj]
pagamento (m)	pagesë (f)	[pagésə]
troco (m)	kusur (m)	[kusúr]

imposto (m)	taksë (f)	[táksə]
multa (f)	gjobë (f)	[ɟóbə]
multar (vt)	vendos gjobë	[vεndós ɟóbə]

60. Correios. Serviço postal

agência (f) dos correios	zyrë postare (f)	[zýrə postárε]
correio (m)	postë (f)	[póstə]
carteiro (m)	postier (m)	[postiér]
horário (m)	orari i punës (m)	[orári i púnəs]

carta (f)	letër (f)	[létər]
carta (f) registada	letër rekomande (f)	[létər rεkomándε]
cartão (m) postal	kartolinë (f)	[kartolínə]
telegrama (m)	telegram (m)	[tεlεgrám]
encomenda (f)	pako (f)	[páko]
transferência (f) de dinheiro	transfer parash (m)	[transfér paráʃ]

receber (vt)	pranoj	[pranój]
enviar (vt)	dërgoj	[dərgój]
envio (m)	dërgesë (f)	[dərgésə]

endereço (m)	adresë (f)	[adrésə]
código (m) postal	kodi postar (m)	[kódi postár]
remetente (m)	dërguesi (m)	[dərgúεsi]
destinatário (m)	pranues (m)	[pranúεs]

| nome (m) | emër (m) | [émər] |
| sobrenome (m) | mbiemër (m) | [mbiémər] |

tarifa (f)	tarifë postare (f)	[tarífə postárε]
ordinário (adj)	standard	[standárd]
econômico (adj)	ekonomike	[εkonomíkε]

peso (m)	peshë (f)	[péʃə]
pesar (estabelecer o peso)	peshoj	[pεʃój]
envelope (m)	zarf (m)	[zarf]
selo (m) postal	pullë postare (f)	[púłə postárε]
colar o selo	vendos pullën postare	[vεndós púłən postárε]

Moradia. Casa. Lar

61. Casa. Eletricidade

eletricidade (f)	elektricitet (m)	[ɛlɛktritsitét]
lâmpada (f)	poç (m)	[potʃ]
interruptor (m)	çelës drite (m)	[tʃéləs drítɛ]
fusível, disjuntor (m)	siguresë (f)	[sigurésə]
fio, cabo (m)	kabllo (f)	[kábɫo]
instalação (f) elétrica	rrjet elektrik (m)	[rjét ɛlɛktrík]
medidor (m) de eletricidade	njehsor elektrik (m)	[ɲɛhsór ɛlɛktrík]
indicação (f), registro (m)	matjet (pl)	[mátjɛt]

62. Moradia. Mansão

casa (f) de campo	vilë (f)	[víllə]
vila (f)	vilë (f)	[víllə]
ala (~ do edifício)	krah (m)	[krah]
jardim (m)	kopsht (m)	[kopʃt]
parque (m)	park (m)	[park]
estufa (f)	serrë (f)	[sérə]
cuidar de ...	përkujdesem	[pərkujdésɛm]
piscina (f)	pishinë (f)	[piʃínə]
academia (f) de ginástica	palestër (f)	[paléstər]
quadra (f) de tênis	fushë tenisi (f)	[fúʃə tɛnísi]
cinema (m)	sallon teatri (m)	[saɫón tɛátri]
garagem (f)	garazh (m)	[garáʒ]
propriedade (f) privada	pronë private (f)	[prónə privátɛ]
terreno (m) privado	tokë private (f)	[tókə privátɛ]
advertência (f)	paralajmërim (m)	[paralajmərím]
sinal (m) de aviso	shenjë paralajmëruese (f)	[ʃéɲə paralajmərúɛsɛ]
guarda (f)	sigurim (m)	[sigurím]
guarda (m)	roje sigurimi (m)	[rójɛ sigurími]
alarme (m)	alarm (m)	[alárm]

63. Apartamento

apartamento (m)	apartament (m)	[apartamént]
quarto, cômodo (m)	dhomë (f)	[ðómə]
quarto (m) de dormir	dhomë gjumi (f)	[ðómə ɟúmi]

sala (f) de jantar	dhomë ngrënie (f)	[ðómə ŋrəníɛ]
sala (f) de estar	dhomë ndeje (f)	[ðómə ndéjɛ]
escritório (m)	dhomë pune (f)	[ðómə púnɛ]

sala (f) de entrada	hyrje (f)	[hýrjɛ]
banheiro (m)	banjo (f)	[báɲo]
lavabo (m)	tualet (m)	[tualét]

teto (m)	tavan (m)	[taván]
chão, piso (m)	dysheme (f)	[dyʃɛmé]
canto (m)	qoshe (f)	[cóʃɛ]

64. Mobiliário. Interior

mobiliário (m)	orendi (f)	[orɛndí]
mesa (f)	tryezë (f)	[tryézə]
cadeira (f)	karrige (f)	[karígɛ]
cama (f)	shtrat (m)	[ʃtrat]

| sofá, divã (m) | divan (m) | [diván] |
| poltrona (f) | kolltuk (m) | [kołtúk] |

| estante (f) | raft librash (m) | [ráft líbraʃ] |
| prateleira (f) | sergjen (m) | [sɛrɟén] |

guarda-roupas (m)	gardërobë (f)	[gardəróbə]
cabide (m) de parede	varëse (f)	[várəsɛ]
cabideiro (m) de pé	varëse xhaketash (f)	[várəsɛ dʒakétaʃ]

| cômoda (f) | komodë (f) | [komódə] |
| mesinha (f) de centro | tryezë e ulët (f) | [tryézə ɛ úlət] |

espelho (m)	pasqyrë (f)	[pascýrə]
tapete (m)	qilim (m)	[cilím]
tapete (m) pequeno	tapet (m)	[tapét]

lareira (f)	oxhak (m)	[odʒák]
vela (f)	qiri (m)	[círi]
castiçal (m)	shandan (m)	[ʃandán]

cortinas (f pl)	perde (f)	[pérdɛ]
papel (m) de parede	tapiceri (f)	[tapitsɛrí]
persianas (f pl)	grila (f)	[gríla]

| luminária (f) de mesa | llambë tavoline (f) | [łámbə tavolínɛ] |
| luminária (f) de parede | llambadar muri (m) | [łambadár múri] |

| abajur (m) de pé | llambadar (m) | [łambadár] |
| lustre (m) | llambadar (m) | [łambadár] |

pé (de mesa, etc.)	këmbë (f)	[kémbə]
braço, descanso (m)	mbështetëse krahu (f)	[mbəʃtétəsɛ kráhu]
costas (f pl)	mbështetëse (f)	[mbəʃtétəsɛ]
gaveta (f)	sirtar (m)	[sirtár]

65. Quarto de dormir

roupa (f) de cama	çarçafë (pl)	[tʃartʃáfə]
travesseiro (m)	jastëk (m)	[jasték]
fronha (f)	këllëf jastëku (m)	[kəłəf jastéku]
cobertor (m)	jorgan (m)	[jorgán]
lençol (m)	çarçaf (m)	[tʃartʃáf]
colcha (f)	mbulesë (f)	[mbulésə]

66. Cozinha

cozinha (f)	kuzhinë (f)	[kuʒínə]
gás (m)	gaz (m)	[gaz]
fogão (m) a gás	sobë me gaz (f)	[sóbə mɛ gaz]
fogão (m) elétrico	sobë elektrike (f)	[sóbə ɛlɛktríkɛ]
forno (m)	furrë (f)	[fúrə]
forno (m) de micro-ondas	mikrovalë (f)	[mikroválə]

geladeira (f)	frigorifer (m)	[frigorifér]
congelador (m)	frigorifer (m)	[frigorifér]
máquina (f) de lavar louça	pjatalarëse (f)	[pjatalárəsɛ]

moedor (m) de carne	grirëse mishi (f)	[grírəsɛ míʃi]
espremedor (m)	shtrydhëse frutash (f)	[ʃtrýðəsɛ frútaʃ]
torradeira (f)	toster (m)	[tostér]
batedeira (f)	mikser (m)	[miksér]

máquina (f) de café	makinë kafeje (f)	[makínə kaféjɛ]
cafeteira (f)	kafetierë (f)	[kafɛtiérə]
moedor (m) de café	mulli kafeje (f)	[muɫí káfɛjɛ]

chaleira (f)	çajnik (m)	[tʃajník]
bule (m)	çajnik (m)	[tʃajník]
tampa (f)	kapak (m)	[kapák]
coador (m) de chá	sitë çaji (f)	[sítə tʃáji]

colher (f)	lugë (f)	[lúgə]
colher (f) de chá	lugë çaji (f)	[lúgə tʃáji]
colher (f) de sopa	lugë gjelle (f)	[lúgə ɟéłɛ]
garfo (m)	pirun (m)	[pirún]
faca (f)	thikë (f)	[θíkə]

louça (f)	enë kuzhine (f)	[énə kuʒínɛ]
prato (m)	pjatë (f)	[pjátə]
pires (m)	pjatë filxhani (f)	[pjátə fildʒáni]

cálice (m)	potir (m)	[potír]
copo (m)	gotë (f)	[gótə]
xícara (f)	filxhan (m)	[fildʒán]

açucareiro (m)	tas për sheqer (m)	[tas pər ʃɛcér]
saleiro (m)	kripore (f)	[kripórɛ]
pimenteiro (m)	enë piperi (f)	[énə pipéri]

manteigueira (f)	pjatë gjalpi (f)	[pjátə ɟálpi]
panela (f)	tenxhere (f)	[tɛndʒérɛ]
frigideira (f)	tigan (m)	[tigán]
concha (f)	garuzhdë (f)	[garúʒdə]
coador (m)	kullesë (f)	[kułésə]
bandeja (f)	tabaka (f)	[tabaká]

garrafa (f)	shishe (f)	[ʃíʃɛ]
pote (m) de vidro	kavanoz (m)	[kavanóz]
lata (~ de cerveja)	kanoçe (f)	[kanótʃɛ]

abridor (m) de garrafa	hapëse shishesh (f)	[hapəsé ʃíʃɛʃ]
abridor (m) de latas	hapëse kanoçesh (f)	[hapəsé kanótʃɛʃ]
saca-rolhas (m)	turjelë tapash (f)	[turjélə tápaʃ]
filtro (m)	filtër (m)	[fíltər]
filtrar (vt)	filtroj	[filtrój]

lixo (m)	pleh (m)	[plɛh]
lixeira (f)	kosh plehrash (m)	[koʃ pléhraʃ]

67. Casa de banho

banheiro (m)	banjo (f)	[báɲo]
água (f)	ujë (m)	[újə]
torneira (f)	rubinet (m)	[rubinét]
água (f) quente	ujë i nxehtë (f)	[újə i ndzéhtə]
água (f) fria	ujë i ftohtë (f)	[újə i ftóhtə]

pasta (f) de dente	pastë dhëmbësh (f)	[pástə ðémbəʃ]
escovar os dentes	laj dhëmbët	[laj ðémbət]
escova (f) de dente	furçë dhëmbësh (f)	[fúrtʃə ðémbəʃ]

barbear-se (vr)	rruhem	[rúhɛm]
espuma (f) de barbear	shkumë rroje (f)	[ʃkumə rójɛ]
gilete (f)	brisk (m)	[brísk]

lavar (vt)	laj duart	[laj dúart]
tomar banho	lahem	[láhɛm]
chuveiro (m), ducha (f)	dush (m)	[duʃ]
tomar uma ducha	bëj dush	[bəj dúʃ]

banheira (f)	vaskë (f)	[váskə]
vaso (m) sanitário	tualet (m)	[tualét]
pia (f)	lavaman (m)	[lavamán]

sabonete (m)	sapun (m)	[sapún]
saboneteira (f)	pjatë sapuni (f)	[pjátə sapúni]

esponja (f)	sfungjer (m)	[sfunɟér]
xampu (m)	shampo (f)	[ʃampó]
toalha (f)	peshqir (m)	[pɛʃcír]
roupão (m) de banho	peshqir trupi (m)	[pɛʃcír trúpi]
lavagem (f)	larje (f)	[lárjɛ]
lavadora (f) de roupas	makinë larëse (f)	[makínə lárəsɛ]

lavar a roupa	**laj rroba**	[laj róba]
detergente (m)	**detergjent** (m)	[dɛtɛrჯént]

68. Eletrodomésticos

televisor (m)	**televizor** (m)	[tɛlɛvizór]
gravador (m)	**inçizues me shirit** (m)	[intʃizúɛs mɛ ʃirít]
videogravador (m)	**video regjistrues** (m)	[vídɛo rɛჯistrúɛs]
rádio (m)	**radio** (f)	[rádio]
leitor (m)	**kasetofon** (m)	[kasɛtofón]

projetor (m)	**projektor** (m)	[projɛktór]
cinema (m) em casa	**kinema shtëpie** (f)	[kinɛmá ʃtəpíɛ]
DVD Player (m)	**DVD player** (m)	[dividí plɛjər]
amplificador (m)	**amplifikator** (m)	[amplifikatór]
console (f) de jogos	**konsol video loje** (m)	[konsól vídɛo lójɛ]

câmera (f) de vídeo	**videokamerë** (f)	[vidɛokamérə]
máquina (f) fotográfica	**aparat fotografik** (m)	[aparát fotografík]
câmera (f) digital	**kamerë digjitale** (f)	[kamérə diჯitálɛ]

aspirador (m)	**fshesë elektrike** (f)	[fʃésə ɛlɛktríkɛ]
ferro (m) de passar	**hekur** (m)	[hékur]
tábua (f) de passar	**tryezë për hekurosje** (f)	[tryézə pər hɛkurósjɛ]

telefone (m)	**telefon** (m)	[tɛlɛfón]
celular (m)	**celular** (m)	[tsɛlulár]
máquina (f) de escrever	**makinë shkrimi** (f)	[makínə ʃkrími]
máquina (f) de costura	**makinë qepëse** (f)	[makínə cépəsɛ]

microfone (m)	**mikrofon** (m)	[mikrofón]
fone (m) de ouvido	**kufje** (f)	[kúfjɛ]
controle remoto (m)	**telekomandë** (f)	[tɛlɛkomándə]

CD (m)	**CD** (f)	[tsɛdé]
fita (f) cassete	**kasetë** (f)	[kasétə]
disco (m) de vinil	**pllakë gramafoni** (f)	[pɬákə gramafóni]

ATIVIDADES HUMANAS

Emprego. Negócios. Parte 1

69. Escritório. O trabalho no escritório

escritório (~ de advogados)	zyrë (f)	[zýrǝ]
escritório (do diretor, etc.)	zyrë (f)	[zýrǝ]
recepção (f)	recepsion (m)	[rɛtsɛpsión]
secretário (m)	sekretar (m)	[sɛkrɛtár]
secretária (f)	sekretare (f)	[sɛkrɛtárɛ]
diretor (m)	drejtor (m)	[drɛjtór]
gerente (m)	menaxher (m)	[mɛnadʒér]
contador (m)	kontabilist (m)	[kontabilíst]
empregado (m)	punonjës (m)	[punóɲǝs]
mobiliário (m)	orendi (f)	[orɛndí]
mesa (f)	tavolinë pune (f)	[tavolínǝ púnɛ]
cadeira (f)	karrige pune (f)	[karígɛ púnɛ]
gaveteiro (m)	njësi sirtarësh (f)	[ɲǝsí sirtárǝʃ]
cabideiro (m) de pé	varëse xhaketash (f)	[várǝsɛ dʒakétaʃ]
computador (m)	kompjuter (m)	[kompjutér]
impressora (f)	printer (m)	[printér]
fax (m)	aparat faksi (m)	[aparát fáksi]
fotocopiadora (f)	fotokopje (f)	[fotokópjɛ]
papel (m)	letër (f)	[létǝr]
artigos (m pl) de escritório	pajisje zyre (f)	[pajísjɛ zýrɛ]
tapete (m) para mouse	shtroje e mausit (f)	[ʃtrójɛ ɛ máusit]
folha (f)	fletë (f)	[flétǝ]
pasta (f)	dosje (f)	[dósjɛ]
catálogo (m)	katalog (m)	[katalóg]
lista (f) telefônica	numerator telefonik (m)	[numɛratór tɛlɛfoník]
documentação (f)	dokumentacion (m)	[dokumɛntatsión]
brochura (f)	broshurë (f)	[broʃúrǝ]
panfleto (m)	fletëpalosje (f)	[flɛtǝpalósjɛ]
amostra (f)	mostër (f)	[móstǝr]
formação (f)	takim trajnimi (m)	[takím trajními]
reunião (f)	takim (m)	[takím]
hora (f) de almoço	pushim dreke (m)	[puʃím drékɛ]
fazer uma cópia	bëj fotokopje	[bǝj fotokópjɛ]
tirar cópias	shumëfishoj	[ʃumǝfiʃój]
receber um fax	marr faks	[mar fáks]
enviar um fax	dërgoj faks	[dǝrgój fáks]

fazer uma chamada	telefonoj	[tɛlɛfonój]
responder (vt)	përgjigjem	[pəɾʝíʝɛm]
passar (vt)	kaloj linjën	[kalój líɲən]

marcar (vt)	lë takim	[lə takím]
demonstrar (vt)	tregoj	[trɛgój]
estar ausente	mungoj	[muŋój]
ausência (f)	mungesë (f)	[muŋésə]

70. Processos negociais. Parte 1

negócio (m)	biznes (m)	[biznés]
ocupação (f)	profesion (m)	[profɛsión]

firma, empresa (f)	firmë (f)	[fírmə]
companhia (f)	kompani (f)	[kompaní]
corporação (f)	korporatë (f)	[korporátə]
empresa (f)	ndërmarrje (f)	[ndərmárjɛ]
agência (f)	agjenci (f)	[aɟɛntsí]

acordo (documento)	marrëveshje (f)	[marəvéʃjɛ]
contrato (m)	kontratë (f)	[kontrátə]
acordo (transação)	marrëveshje (f)	[marəvéʃjɛ]
pedido (m)	porosi (f)	[porosí]
termos (m pl)	kushte (f)	[kúʃtɛ]

por atacado	me shumicë	[mɛ ʃumítsə]
por atacado (adj)	me shumicë	[mɛ ʃumítsə]
venda (f) por atacado	me shumicë (f)	[mɛ ʃumítsə]
a varejo	me pakicë	[mɛ pakítsə]
venda (f) a varejo	me pakicë (f)	[mɛ pakítsə]

concorrente (m)	konkurrent (m)	[konkurént]
concorrência (f)	konkurrencë (f)	[konkuréntsə]
competir (vi)	konkurroj	[konkurój]

sócio (m)	ortak (m)	[orták]
parceria (f)	partneritet (m)	[partnɛritét]

crise (f)	krizë (f)	[krízə]
falência (f)	falimentim (m)	[falimɛntím]
entrar em falência	falimentoj	[falimɛntój]
dificuldade (f)	vështirësi (f)	[vəʃtirəsí]
problema (m)	problem (m)	[problém]
catástrofe (f)	katastrofë (f)	[katastrófə]

economia (f)	ekonomi (f)	[ɛkonomí]
econômico (adj)	ekonomik	[ɛkonomík]
recessão (f) econômica	recesion ekonomik (m)	[rɛtsɛsión ɛkonomík]

objetivo (m)	qëllim (m)	[cəɫím]
tarefa (f)	detyrë (f)	[dɛtýrə]
comerciar (vi, vt)	tregtoj	[trɛgtój]
rede (de distribuição)	rrjet (m)	[rjét]

| estoque (m) | inventar (m) | [invɛntár] |
| sortimento (m) | gamë (f) | [gámə] |

líder (m)	lider (m)	[lidér]
grande (~ empresa)	e madhe	[ɛ máðɛ]
monopólio (m)	monopol (m)	[monopól]

teoria (f)	teori (f)	[tɛorí]
prática (f)	praktikë (f)	[praktíkə]
experiência (f)	përvojë (f)	[pərvójə]
tendência (f)	trend (m)	[trɛnd]
desenvolvimento (m)	zhvillim (m)	[ʒviɫím]

71. Processos negociais. Parte 2

| rentabilidade (f) | fitim (m) | [fitím] |
| rentável (adj) | fitimprurës | [fitimprúrəs] |

delegação (f)	delegacion (m)	[dɛlɛgatsión]
salário, ordenado (m)	pagë (f)	[págə]
corrigir (~ um erro)	korrigjoj	[koriɟój]
viagem (f) de negócios	udhëtim pune (m)	[uðətím púnɛ]
comissão (f)	komision (m)	[komisión]

controlar (vt)	kontrolloj	[kontroɫój]
conferência (f)	konferencë (f)	[konfɛréntsə]
licença (f)	licencë (f)	[litséntsə]
confiável (adj)	i besueshëm	[i bɛsúɛʃəm]

empreendimento (m)	nismë (f)	[nísmə]
norma (f)	normë (f)	[nórmə]
circunstância (f)	rrethanë (f)	[rɛθánə]
dever (do empregado)	detyrë (f)	[dɛtýrə]

empresa (f)	organizatë (f)	[organizátə]
organização (f)	organizativ (m)	[organizatív]
organizado (adj)	i organizuar	[i organizúar]
anulação (f)	anulim (m)	[anulím]
anular, cancelar (vt)	anuloj	[anulój]
relatório (m)	raport (m)	[rapórt]

patente (f)	patentë (f)	[paténtə]
patentear (vt)	patentoj	[patɛntój]
planejar (vt)	planifikoj	[planifikój]

bônus (m)	bonus (m)	[bonús]
profissional (adj)	profesional	[profɛsionál]
procedimento (m)	procedurë (f)	[protsɛdúrə]

examinar (~ a questão)	shqyrtoj	[ʃcyrtój]
cálculo (m)	llogaritje (f)	[ɫogarítjɛ]
reputação (f)	reputacion (m)	[rɛputatsión]
risco (m)	rrezik (m)	[rɛzík]
dirigir (~ uma empresa)	drejtoj	[drɛjtój]

informação (f)	informacion (m)	[informatsión]
propriedade (f)	pronë (f)	[prónə]
união (f)	bashkim (m)	[baʃkím]
seguro (m) de vida	sigurim jete (m)	[sigurím jétɛ]
fazer um seguro	siguroj	[sigurój]
seguro (m)	sigurim (m)	[sigurím]
leilão (m)	ankand (m)	[ankánd]
notificar (vt)	njoftoj	[ɲoftój]
gestão (f)	menaxhim (m)	[mɛnadʒím]
serviço (indústria de ~s)	shërbim (m)	[ʃərbím]
fórum (m)	forum (m)	[forúm]
funcionar (vi)	funksionoj	[funksionój]
estágio (m)	fazë (f)	[fázə]
jurídico, legal (adj)	ligjor	[liɟór]
advogado (m)	avokat (m)	[avokát]

72. Produção. Trabalhos

usina (f)	uzinë (f)	[uzínə]
fábrica (f)	fabrikë (f)	[fabríkə]
oficina (f)	punëtori (f)	[punətorí]
local (m) de produção	punishte (f)	[puníʃtɛ]
indústria (f)	industri (f)	[industrí]
industrial (adj)	industrial	[industriál]
indústria (f) pesada	industri e rëndë (f)	[industrí ɛ rəndə]
indústria (f) ligeira	industri e lehtë (f)	[industrí ɛ léhtə]
produção (f)	produkt (m)	[prodúkt]
produzir (vt)	prodhoj	[proðój]
matérias-primas (f pl)	lëndë e parë (f)	[léndə ɛ párə]
chefe (m) de obras	përgjegjës (m)	[pərɟéɟəs]
equipe (f)	skuadër (f)	[skuádər]
operário (m)	punëtor (m)	[punətór]
dia (m) de trabalho	ditë pune (f)	[dítə púnɛ]
intervalo (m)	pushim (m)	[puʃím]
reunião (f)	mbledhje (f)	[mbléðjɛ]
discutir (vt)	diskutoj	[diskutój]
plano (m)	plan (m)	[plan]
cumprir o plano	përmbush planin	[pərmbúʃ plánin]
taxa (f) de produção	normë prodhimi (f)	[nórmə proðími]
qualidade (f)	cilësi (f)	[tsiləsí]
controle (m)	kontroll (m)	[kontróɫ]
controle (m) da qualidade	kontroll cilësie (m)	[kontróɫ tsiləsíɛ]
segurança (f) no trabalho	siguri në punë (f)	[sigurí nə púnə]
disciplina (f)	disiplinë (f)	[disiplínə]
infração (f)	thyerje rregullash (f)	[θýɛrjɛ réguɫaʃ]

violar (as regras)	thyej rregullat	[θýɛj régułat]
greve (f)	grevë (f)	[grévə]
grevista (m)	grevist (m)	[grɛvíst]
estar em greve	jam në grevë	[jam nə grévə]
sindicato (m)	sindikatë punëtorësh (f)	[sindikátə punətórəʃ]

inventar (vt)	shpik	[ʃpik]
invenção (f)	shpikje (f)	[ʃpíkjɛ]
pesquisa (f)	kërkim (m)	[kərkím]
melhorar (vt)	përmirësoj	[pərmirəsój]
tecnologia (f)	teknologji (f)	[tɛknoloʝí]
desenho (m) técnico	vizatim teknik (m)	[vizatím tɛkník]

carga (f)	ngarkesë (f)	[ŋarkésə]
carregador (m)	ngarkues (m)	[ŋarkúɛs]
carregar (o caminhão, etc.)	ngarkoj	[ŋarkój]
carregamento (m)	ngarkimi	[ŋarkími]
descarregar (vt)	shkarkoj	[ʃkarkój]
descarga (f)	shkarkim (m)	[ʃkarkím]

transporte (m)	transport (m)	[transpórt]
companhia (f) de transporte	agjenci transporti (f)	[aɟɛntsí transpórti]
transportar (vt)	transportoj	[transportój]

vagão (m) de carga	vagon mallrash (m)	[vagón máłraʃ]
tanque (m)	cisternë (f)	[tsistérnə]
caminhão (m)	kamion (m)	[kamión]

máquina (f) operatriz	makineri veglash (f)	[makinɛrí vɛgláʃ]
mecanismo (m)	mekanizëm (m)	[mɛkanízəm]

resíduos (m pl) industriais	mbetje industriale (f)	[mbétjɛ industriálɛ]
embalagem (f)	paketim (m)	[pakɛtím]
embalar (vt)	paketoj	[pakɛtój]

73. Contrato. Acordo

contrato (m)	kontratë (f)	[kontrátə]
acordo (m)	marrëveshje (f)	[marəvéʃjɛ]
adendo, anexo (m)	shtojcë (f)	[ʃtójtsə]

assinar o contrato	nënshkruaj një kontratë	[nənʃkrúaj ɲə kontrátə]
assinatura (f)	nënshkrim (m)	[nənʃkrím]
assinar (vt)	nënshkruaj	[nənʃkrúaj]
carimbo (m)	vulë (f)	[vúlə]

objeto (m) do contrato	objekt i kontratës (m)	[objékt i kontrátəs]
cláusula (f)	kusht (m)	[kuʃt]
partes (f pl)	palët (m)	[pálət]
domicílio (m) legal	adresa zyrtare (f)	[adrésa zyrtárɛ]

violar o contrato	mosrespektim kontrate	[mosrɛspɛktím kontrátɛ]
obrigação (f)	detyrim (m)	[dɛtyrím]
responsabilidade (f)	përgjegjësi (f)	[pərɟɛɟəsí]

força (f) maior	forcë madhore (f)	[fórtsə maðóɾɛ]
litígio (m), disputa (f)	mosmarrëveshje (f)	[mosmarəvéʃjɛ]
multas (f pl)	ndëshkime (pl)	[ndəʃkímɛ]

74. Importação & Exportação

importação (f)	import (m)	[impórt]
importador (m)	importues (m)	[importúɛs]
importar (vt)	importoj	[importój]
de importação	i importuar	[i importúar]
exportação (f)	eksport (m)	[ɛksport]
exportador (m)	eksportues (m)	[ɛksportúɛs]
exportar (vt)	eksportoj	[ɛksportój]
de exportação	i eksportuar	[i ɛksportúar]
mercadoria (f)	mallra (pl)	[máɬra]
lote (de mercadorias)	ngarkesë (f)	[ŋarkésə]
peso (m)	peshë (f)	[péʃə]
volume (m)	vëllim (m)	[vəɬím]
metro (m) cúbico	metër kub (m)	[métər kúb]
produtor (m)	prodhues (m)	[proðúɛs]
companhia (f) de transporte	agjenci transporti (f)	[aɟɛntsí transpórti]
contêiner (m)	kontejner (m)	[kontɛjnér]
fronteira (f)	kufi (m)	[kufí]
alfândega (f)	doganë (f)	[dogánə]
taxa (f) alfandegária	taksë doganore (f)	[táksə doganóɾɛ]
funcionário (m) da alfândega	doganier (m)	[doganiér]
contrabando (atividade)	trafikim (m)	[trafikím]
contrabando (produtos)	kontrabandë (f)	[kontrabándə]

75. Finanças

ação (f)	stok (m)	[stok]
obrigação (f)	certifikatë valutore (f)	[tsɛrtifikátə valutóɾɛ]
nota (f) promissória	letër me vlerë (f)	[létər mɛ vlérə]
bolsa (f) de valores	bursë (f)	[búrsə]
cotação (m) das ações	çmimi i stokut (m)	[tʃmími i stókut]
tornar-se mais barato	ulet	[úlɛt]
tornar-se mais caro	rritet	[rítɛt]
parte (f)	kuotë (f)	[kuótə]
participação (f) majoritária	përqindje kontrolluese (f)	[pərcíndjɛ kontroɬúɛsɛ]
investimento (m)	investim (m)	[invɛstím]
investir (vt)	investoj	[invɛstój]
porcentagem (f)	përqindje (f)	[pərcíndjɛ]

juros (m pl)	interes (m)	[intɛrés]
lucro (m)	fitim (m)	[fitím]
lucrativo (adj)	fitimprurës	[fitimprúrəs]
imposto (m)	taksë (f)	[táksə]

divisa (f)	valutë (f)	[valútə]
nacional (adj)	kombëtare	[kombətárɛ]
câmbio (m)	këmbim valute (m)	[kəmbím valútɛ]

contador (m)	kontabilist (m)	[kontabilíst]
contabilidade (f)	kontabilitet (m)	[kontabilitét]

falência (f)	falimentim (m)	[falimɛntím]
falência, quebra (f)	kolaps (m)	[koláps]
ruína (f)	rrënim (m)	[rəním]
estar quebrado	rrënohem	[rənóhɛm]
inflação (f)	inflacion (m)	[inflatsión]
desvalorização (f)	zhvlerësim (m)	[ʒvlɛrəsím]

capital (m)	kapital (m)	[kapitál]
rendimento (m)	të ardhura (f)	[tə árðura]
volume (m) de negócios	qarkullim (m)	[carkutím]
recursos (m pl)	burime (f)	[burímɛ]
recursos (m pl) financeiros	burime monetare (f)	[burímɛ monɛtárɛ]

despesas (f pl) gerais	shpenzime bazë (f)	[ʃpɛnzímɛ bázə]
reduzir (vt)	zvogëloj	[zvogəlój]

76. Marketing

marketing (m)	marketing (m)	[markɛtíŋ]
mercado (m)	treg (m)	[trɛg]
segmento (m) do mercado	segment tregu (m)	[sɛgmént trégu]
produto (m)	produkt (m)	[prodúkt]
mercadoria (f)	mallra (pl)	[mátra]

marca (f)	markë (f)	[márkə]
marca (f) registrada	markë tregtare (f)	[márkə trɛgtárɛ]
logotipo (m)	logo (f)	[lógo]
logo (m)	logo (f)	[lógo]

demanda (f)	kërkesë (f)	[kərkésə]
oferta (f)	furnizim (m)	[furnizím]
necessidade (f)	nevojë (f)	[nɛvójə]
consumidor (m)	konsumator (m)	[konsumatór]

análise (f)	analizë (f)	[analízə]
analisar (vt)	analizoj	[analizój]
posicionamento (m)	vendosje (f)	[vɛndósjɛ]
posicionar (vt)	vendos	[vɛndós]

preço (m)	çmim (m)	[tʃmím]
política (f) de preços	politikë e çmimeve (f)	[politíkə ɛ tʃmímɛvɛ]
formação (f) de preços	formim i çmimit (m)	[formím i tʃmímit]

77. Publicidade

publicidade (f)	reklamë (f)	[rɛklámə]
fazer publicidade	reklamoj	[rɛklamój]
orçamento (m)	buxhet (m)	[budʒét]

anúncio (m)	reklamë (f)	[rɛklámə]
publicidade (f) na TV	reklamë televizive (f)	[rɛklámə tɛlɛvizívɛ]
publicidade (f) na rádio	reklamë në radio (f)	[rɛklámə nə rádio]
publicidade (f) exterior	reklamë ambientale (f)	[rɛklámə ambiɛntálɛ]

comunicação (f) de massa	masmedia (f)	[masmédia]
periódico (m)	botim periodik (m)	[botím pɛriodík]
imagem (f)	imazh (m)	[imáʒ]

slogan (m)	slogan (m)	[slogán]
mote (m), lema (f)	moto (f)	[móto]

campanha (f)	fushatë (f)	[fuʃátə]
campanha (f) publicitária	fushatë reklamuese (f)	[fuʃátə rɛklamúɛsɛ]
grupo (m) alvo	grup i synuar (m)	[grup i synúar]

cartão (m) de visita	kartëvizitë (f)	[kartəvizítə]
panfleto (m)	fletëpalosje (f)	[flɛtəpalósjɛ]
brochura (f)	broshurë (f)	[broʃúrə]
folheto (m)	pamflet (m)	[pamflét]
boletim (~ informativo)	buletin (m)	[bulɛtín]

letreiro (m)	tabelë (f)	[tabélə]
cartaz, pôster (m)	poster (m)	[postér]
painel (m) publicitário	tabelë reklamash (f)	[tabélə rɛklámaʃ]

78. Banca

banco (m)	bankë (f)	[bánkə]
balcão (f)	degë (f)	[dégə]

consultor (m) bancário	punonjës banke (m)	[punónəs bánkɛ]
gerente (m)	drejtor (m)	[drɛjtór]

conta (f)	llogari bankare (f)	[ɫogarí bankárɛ]
número (m) da conta	numër llogarie (m)	[númər ɫogaríɛ]
conta (f) corrente	llogari rrjedhëse (f)	[ɫogarí rjéðəsɛ]
conta (f) poupança	llogari kursimesh (f)	[ɫogarí kursímɛʃ]

abrir uma conta	hap një llogari	[hap ɲə ɫogarí]
fechar uma conta	mbyll një llogari	[mbýɫ ɲə ɫogarí]
depositar na conta	depozitoj në llogari	[dɛpozitój nə ɫogarí]
sacar (vt)	tërheq	[tərhéc]

depósito (m)	depozitë (f)	[dɛpozítə]
fazer um depósito	kryej një depozitim	[krýɛj ɲə dɛpozitím]
transferência (f) bancária	transfer bankar (m)	[transfér bankár]

transferir (vt)	**transferoj para**	[transfɛrój pará]
soma (f)	**shumë** (f)	[ʃúmə]
Quanto?	**Sa?**	[sa?]

assinatura (f)	**nënshkrim** (m)	[nənʃkrím]
assinar (vt)	**nënshkruaj**	[nənʃkrúaj]

cartão (m) de crédito	**kartë krediti** (f)	[kártə krɛdíti]
senha (f)	**kodi PIN** (m)	[kódi pin]
número (m) do cartão de crédito	**numri i kartës së kreditit** (m)	[númri i kártəs sə krɛdítit]
caixa (m) eletrônico	**bankomat** (m)	[bankomát]

cheque (m)	**çek** (m)	[tʃɛk]
passar um cheque	**lëshoj një çek**	[ləʃój ɲə tʃék]
talão (m) de cheques	**bllok çeqesh** (m)	[bɫók tʃécɛʃ]

empréstimo (m)	**kredi** (f)	[krɛdí]
pedir um empréstimo	**aplikoj për kredi**	[aplikój pər krɛdí]
obter empréstimo	**marr kredi**	[mar krɛdí]
dar um empréstimo	**jap kredi**	[jap krɛdí]
garantia (f)	**garanci** (f)	[garantsí]

79. Telefone. Conversação telefônica

telefone (m)	**telefon** (m)	[tɛlɛfón]
celular (m)	**celular** (m)	[tsɛlulár]
secretária (f) eletrônica	**sekretari telefonike** (f)	[sɛkrɛtarí tɛlɛfoníkɛ]

fazer uma chamada	**telefonoj**	[tɛlɛfonój]
chamada (f)	**telefonatë** (f)	[tɛlɛfonátə]

discar um número	**i bie numrit**	[i bíɛ númrit]
Alô!	**Përshëndetje!**	[pərʃəndétjɛ!]
perguntar (vt)	**pyes**	[pýɛs]
responder (vt)	**përgjigjem**	[pərɟíɟɛm]

ouvir (vt)	**dëgjoj**	[dəɟój]
bem	**mirë**	[mírə]
mal	**jo mirë**	[jo mírə]
ruído (m)	**zhurmë** (f)	[ʒúrmə]

fone (m)	**marrës** (m)	[márəs]
pegar o telefone	**ngre telefonin**	[ŋré tɛlɛfónin]
desligar (vi)	**mbyll telefonin**	[mbýɫ tɛlɛfónin]

ocupado (adj)	**i zënë**	[i zénə]
tocar (vi)	**bie zilja**	[bíɛ zílja]
lista (f) telefônica	**numerator telefonik** (m)	[numɛratór tɛlɛfoník]
local (adj)	**lokale**	[lokálɛ]
chamada (f) local	**thirrje lokale** (f)	[θírjɛ lokálɛ]
de longa distância	**distancë e largët**	[distántsə ɛ lárgət]
chamada (f) de longa distância	**thirrje në distancë** (f)	[θírjɛ nə distántsə]

| internacional (adj) | ndërkombëtar | [ndərkombətár] |
| chamada (f) internacional | thirrje ndërkombëtare (f) | [θírjɛ ndərkombətárɛ] |

80. Telefone móvel

celular (m)	celular (m)	[tsɛlulár]
tela (f)	ekran (m)	[ɛkrán]
botão (m)	buton (m)	[butón]
cartão SIM (m)	karta SIM (m)	[kárta sim]

bateria (f)	bateri (f)	[batɛrí]
descarregar-se (vr)	e shkarkuar	[ɛ ʃkarkúar]
carregador (m)	karikues (m)	[karikúɛs]

| menu (m) | menu (f) | [mɛnú] |
| configurações (f pl) | parametra (f) | [paramétra] |

| melodia (f) | melodi (f) | [mɛlodí] |
| escolher (vt) | përzgjedh | [pərzjéð] |

calculadora (f)	makinë llogaritëse (f)	[makínə łogarítəsɛ]
correio (m) de voz	postë zanore (f)	[póstə zanórɛ]
despertador (m)	alarm (m)	[alárm]
contatos (m pl)	kontakte (pl)	[kontáktɛ]

| mensagem (f) de texto | SMS (m) | [ɛsɛmɛs] |
| assinante (m) | abonent (m) | [abonént] |

81. Estacionário

| caneta (f) | stiloláps (m) | [stiloláps] |
| caneta (f) tinteiro | stilograf (m) | [stilográf] |

lápis (m)	laps (m)	[láps]
marcador (m) de texto	shënjues (m)	[ʃənúɛs]
caneta (f) hidrográfica	tushë me bojë (f)	[túʃə mɛ bójə]

| bloco (m) de notas | bllok shënimesh (m) | [błók ʃənímɛʃ] |
| agenda (f) | agjendë (f) | [ajéndə] |

régua (f)	vizore (f)	[vizórɛ]
calculadora (f)	makinë llogaritëse (f)	[makínə łogarítəsɛ]
borracha (f)	gomë (f)	[gómə]

| alfinete (m) | pineskë (f) | [pinéskə] |
| clipe (m) | kapëse fletësh (f) | [kápəsɛ flétəʃ] |

| cola (f) | ngjitës (m) | [njítəs] |
| grampeador (m) | ngjitës metalik (m) | [njítəs mɛtalík] |

| furador (m) de papel | hapës vrimash (m) | [hápəs vrímaʃ] |
| apontador (m) | mprehëse lapsash (m) | [mpréhəsɛ lápsaʃ] |

82. Tipos de negócios

serviços (m pl) de contabilidade	kontabilitet (m)	[kontabilitét]
publicidade (f)	reklamë (f)	[rɛklámə]
agência (f) de publicidade	agjenci reklamash (f)	[aɟɛntsí rɛklámaʃ]
ar (m) condicionado	kondicioner (m)	[konditsionér]
companhia (f) aérea	kompani ajrore (f)	[kompaní ajrórɛ]
bebidas (f pl) alcoólicas	pije alkoolike (pl)	[píjɛ alkoólikɛ]
comércio (m) de antiguidades	antikitete (pl)	[antikitétɛ]
galeria (f) de arte	galeri e artit (f)	[galɛrí ɛ ártit]
serviços (m pl) de auditoria	shërbime auditimi (pl)	[ʃərbíme auditími]
negócios (m pl) bancários	industri bankare (f)	[industrí bankárɛ]
bar (m)	lokal (m)	[lokál]
salão (m) de beleza	sallon bukurie (m)	[saɫón bukuríɛ]
livraria (f)	librari (f)	[librarí]
cervejaria (f)	birrari (f)	[birarí]
centro (m) de escritórios	qendër biznesi (f)	[céndər biznési]
escola (f) de negócios	shkollë biznesi (f)	[ʃkóɫə biznési]
cassino (m)	kazino (f)	[kazíno]
construção (f)	ndërtim (m)	[ndərtím]
consultoria (f)	konsulencë (f)	[konsuléntsə]
clínica (f) dentária	klinikë dentare (f)	[kliníkə dɛntárɛ]
design (m)	dizajn (m)	[dizájn]
drogaria (f)	farmaci (f)	[farmatsí]
lavanderia (f)	pastrim kimik (m)	[pastrím kimík]
agência (f) de emprego	agjenci punësimi (f)	[aɟɛntsí punəsími]
serviços (m pl) financeiros	shërbime financiare (pl)	[ʃərbímɛ finantsiárɛ]
alimentos (m pl)	mallra ushqimore (f)	[máɫra uʃcimórɛ]
funerária (f)	agjenci funeralesh (f)	[aɟɛntsí funɛráleʃ]
mobiliário (m)	orendi (f)	[orɛndí]
roupa (f)	rroba (f)	[róba]
hotel (m)	hotel (m)	[hotél]
sorvete (m)	akullore (f)	[akuɫórɛ]
indústria (f)	industri (f)	[industrí]
seguro (~ de vida, etc.)	sigurim (m)	[sigurím]
internet (f)	internet (m)	[intɛrnét]
investimento (m)	investim (m)	[invɛstím]
joalheiro (m)	argjendar (m)	[arɟɛndár]
joias (f pl)	bizhuteri (f)	[biʒutɛrí]
lavanderia (f)	lavanteri (f)	[lavantɛrí]
assessorias (f pl) jurídicas	këshilltar ligjor (m)	[kəʃiɫtár liɟór]
indústria (f) ligeira	industri e lehtë (f)	[industrí ɛ léhtə]
revista (f)	revistë (f)	[rɛvístə]
vendas (f pl) por catálogo	shitje me katalog (f)	[ʃítjɛ mɛ katalóg]
medicina (f)	mjekësi (f)	[mjɛkəsí]
cinema (m)	kinema (f)	[kinɛmá]

museu (m)	**muze** (m)	[muzé]
agência (f) de notícias	**agjenci lajmesh** (f)	[aɟɛntsí lájmɛʃ]
jornal (m)	**gazetë** (f)	[gazétə]
boate (casa noturna)	**klub nate** (m)	[klúb nátɛ]

petróleo (m)	**naftë** (f)	[náftə]
serviços (m pl) de remessa	**shërbime postare** (f)	[ʃərbímɛ postárɛ]
indústria (f) farmacêutica	**industria farmaceutike** (f)	[industría farmatsɛutíkɛ]
tipografia (f)	**shtyp** (m)	[ʃtyp]
editora (f)	**shtëpi botuese** (f)	[ʃtəpí botúɛsɛ]

rádio (m)	**radio** (f)	[rádio]
imobiliário (m)	**patundshmëri** (f)	[patundʃmərí]
restaurante (m)	**restorant** (m)	[rɛstoránt]

empresa (f) de segurança	**kompani sigurimi** (f)	[kompaní sigurími]
esporte (m)	**sport** (m)	[sport]
bolsa (f) de valores	**bursë** (f)	[búrsə]
loja (f)	**dyqan** (m)	[dycán]
supermercado (m)	**supermarket** (m)	[supɛrmarkét]
piscina (f)	**pishinë** (f)	[piʃínə]

alfaiataria (f)	**rrobaqepësi** (f)	[robacɛpəsí]
televisão (f)	**televizor** (m)	[tɛlɛvizór]
teatro (m)	**teatër** (m)	[tɛátər]
comércio (m)	**tregti** (f)	[trɛgtí]
serviços (m pl) de transporte	**transport** (m)	[transpórt]
viagens (f pl)	**udhëtim** (m)	[uðətím]

veterinário (m)	**veteriner** (m)	[vɛtɛrinér]
armazém (m)	**magazinë** (f)	[magazínə]
recolha (f) do lixo	**mbledhja e mbeturinave** (f)	[mbléðja ɛ mbɛturínavɛ]

Emprego. Negócios. Parte 2

83. Espetáculo. Feira

feira, exposição (f)	ekspozitë (f)	[ɛkspozítə]
feira (f) comercial	panair (m)	[panaír]
participação (f)	pjesëmarrje (f)	[pjɛsəmárjɛ]
participar (vi)	marr pjesë	[mar pjésə]
participante (m)	pjesëmarrës (m)	[pjɛsəmárəs]
diretor (m)	drejtor (m)	[drɛjtór]
direção (f)	zyra drejtuese (f)	[zýra drɛjtúɛsɛ]
organizador (m)	organizator (m)	[organizatór]
organizar (vt)	organizoj	[organizój]
ficha (f) de inscrição	kërkesë për pjesëmarrje (f)	[kərkésə pər pjɛsəmárjɛ]
preencher (vt)	plotësoj	[plotəsój]
detalhes (m pl)	hollësi (pl)	[hoɫəsí]
informação (f)	informacion (m)	[informatsión]
preço (m)	çmim (m)	[tʃmím]
incluindo	përfshirë	[pərfʃírə]
incluir (vt)	përfshij	[pərfʃíj]
pagar (vt)	paguaj	[pagúaj]
taxa (f) de inscrição	taksa e regjistrimit (f)	[táksa ɛ rɛɉistrímit]
entrada (f)	hyrje (f)	[hýrjɛ]
pavilhão (m), salão (f)	pavijon (m)	[pavijón]
inscrever (vt)	regjistroj	[rɛɉistrój]
crachá (m)	kartë identifikimi (f)	[kártə idɛntifikími]
stand (m)	kioskë (f)	[kióskə]
reservar (vt)	rezervoj	[rɛzɛrvój]
vitrine (f)	vitrinë (f)	[vitrínə]
lâmpada (f)	dritë (f)	[drítə]
design (m)	dizajn (m)	[dizájn]
pôr (posicionar)	vendos	[vɛndós]
ser colocado, -a	vendosur	[vɛndósur]
distribuidor (m)	distributor (m)	[distributór]
fornecedor (m)	furnitor (m)	[furnitór]
fornecer (vt)	furnizoj	[furnizój]
país (m)	shtet (m)	[ʃtɛt]
estrangeiro (adj)	huaj	[húaj]
produto (m)	produkt (m)	[prodúkt]
associação (f)	shoqatë (f)	[ʃocátə]
sala (f) de conferência	sallë konference (f)	[sáɫə konfɛréntsɛ]

congresso (m)	**kongres** (m)	[koŋrés]
concurso (m)	**konkurs** (m)	[konkúrs]

visitante (m)	**vizitor** (m)	[vizitór]
visitar (vt)	**vizitoj**	[vizitój]
cliente (m)	**klient** (m)	[kliént]

84. Ciência. Investigação. Cientistas

ciência (f)	**shkencë** (f)	[ʃkéntsə]
científico (adj)	**shkencore**	[ʃkɛntsórɛ]
cientista (m)	**shkencëtar** (m)	[ʃkɛntsətár]
teoria (f)	**teori** (f)	[tɛorí]

axioma (m)	**aksiomë** (f)	[aksiómə]
análise (f)	**analizë** (f)	[analízə]
analisar (vt)	**analizoj**	[analizój]
argumento (m)	**argument** (m)	[argumént]
substância (f)	**substancë** (f)	[substántsə]

hipótese (f)	**hipotezë** (f)	[hipotézə]
dilema (m)	**dilemë** (f)	[dilémə]
tese (f)	**disertacion** (m)	[disɛrtatsión]
dogma (m)	**dogma** (f)	[dógma]

doutrina (f)	**doktrinë** (f)	[doktrínə]
pesquisa (f)	**kërkim** (m)	[kərkím]
pesquisar (vt)	**kërkoj**	[kərkój]
testes (m pl)	**analizë** (f)	[analízə]
laboratório (m)	**laborator** (m)	[laboratór]

método (m)	**metodë** (f)	[mɛtódə]
molécula (f)	**molekulë** (f)	[molɛkúlə]
monitoramento (m)	**monitorim** (m)	[monitorím]
descoberta (f)	**zbulim** (m)	[zbulím]

postulado (m)	**postulat** (m)	[postulát]
princípio (m)	**parim** (m)	[parím]
prognóstico (previsão)	**parashikim** (m)	[paraʃikím]
prognosticar (vt)	**parashikoj**	[paraʃikój]

síntese (f)	**sintezë** (f)	[sintézə]
tendência (f)	**trend** (m)	[trɛnd]
teorema (m)	**teoremë** (f)	[tɛorémə]

ensinamentos (m pl)	**mësim** (m)	[məsím]
fato (m)	**fakt** (m)	[fakt]
expedição (f)	**ekspeditë** (f)	[ɛkspɛdítə]
experiência (f)	**eksperiment** (m)	[ɛkspɛrimént]

acadêmico (m)	**akademik** (m)	[akadɛmík]
bacharel (m)	**baçelor** (m)	[bátʃelor]
doutor (m)	**doktor shkencash** (m)	[doktór ʃkéntsaʃ]
professor (m) associado	**Profesor i Asociuar** (m)	[profɛsór i asotsiúar]

mestrado (m)	**Master** (m)	[mastér]
professor (m)	**profesor** (m)	[profɛsór]

Profissões e ocupações

85. Procura de emprego. Demissão

trabalho (m)	punë (f)	[púnə]
equipe (f)	staf (m)	[staf]
pessoal (m)	personel (m)	[pɛrsonél]
carreira (f)	karrierë (f)	[kariérə]
perspectivas (f pl)	mundësi (f)	[mundəsí]
habilidades (f pl)	aftësi (f)	[aftəsí]
seleção (f)	përzgjedhje (f)	[pərzɟéðjɛ]
agência (f) de emprego	agjenci punësimi (f)	[aɟɛntsí punəsími]
currículo (m)	resume (f)	[rɛsumé]
entrevista (f) de emprego	intervistë punësimi (f)	[intɛrvístə punəsími]
vaga (f)	vend i lirë pune (m)	[vɛnd i lírə púnɛ]
salário (m)	rrogë (f)	[rógə]
salário (m) fixo	rrogë fikse (f)	[rógə fíksɛ]
pagamento (m)	pagesë (f)	[pagésə]
cargo (m)	post (m)	[post]
dever (do empregado)	detyrë (f)	[dɛtýrə]
gama (f) de deveres	lista e detyrave (f)	[lísta ɛ dɛtýravɛ]
ocupado (adj)	i zënë	[i zénə]
despedir, demitir (vt)	pushoj nga puna	[puʃój ŋa púna]
demissão (f)	pushim nga puna (m)	[puʃím ŋa púna]
desemprego (m)	papunësi (m)	[papunəsí]
desempregado (m)	i papunë (m)	[i papúnə]
aposentadoria (f)	pension (m)	[pɛnsión]
aposentar-se (vr)	dal në pension	[dál nə pɛnsión]

86. Gente de negócios

diretor (m)	drejtor (m)	[drɛjtór]
gerente (m)	drejtor (m)	[drɛjtór]
patrão, chefe (m)	bos (m)	[bos]
superior (m)	epror (m)	[ɛprór]
superiores (m pl)	eprorët (pl)	[ɛprórət]
presidente (m)	president (m)	[prɛsidént]
chairman (m)	kryetar (m)	[kryɛtár]
substituto (m)	zëvendës (m)	[zəvéndəs]
assistente (m)	ndihmës (m)	[ndíhməs]

secretário (m)	sekretar (m)	[sɛkrɛtár]
secretário (m) pessoal	ndihmës personal (m)	[ndíhməs pɛrsonál]
homem (m) de negócios	biznesmen (m)	[biznɛsmén]
empreendedor (m)	sipërmarrës (m)	[sipərmárəs]
fundador (m)	themelues (m)	[θɛmɛlúɛs]
fundar (vt)	themeloj	[θɛmɛlój]
principiador (m)	bashkëthemelues (m)	[baʃkəθɛmɛlúɛs]
parceiro, sócio (m)	partner (m)	[partnér]
acionista (m)	aksioner (m)	[aksionér]
milionário (m)	milioner (m)	[milionér]
bilionário (m)	bilioner (m)	[bilionér]
proprietário (m)	pronar (m)	[pronár]
proprietário (m) de terras	pronar tokash (m)	[pronár tókaʃ]
cliente (m)	klient (m)	[kliént]
cliente (m) habitual	klient i rregullt (m)	[kliént i réguɫt]
comprador (m)	blerës (m)	[blérəs]
visitante (m)	vizitor (m)	[vizitór]
profissional (m)	profesionist (m)	[profɛsioníst]
perito (m)	ekspert (m)	[ɛkspért]
especialista (m)	specialist (m)	[spɛtsialíst]
banqueiro (m)	bankier (m)	[bankiér]
corretor (m)	komisioner (m)	[komisionér]
caixa (m, f)	arkëtar (m)	[arkətár]
contador (m)	kontabilist (m)	[kontabilíst]
guarda (m)	roje sigurimi (m)	[rójɛ sigurími]
investidor (m)	investitor (m)	[invɛstitór]
devedor (m)	debitor (m)	[dɛbitór]
credor (m)	kreditor (m)	[krɛditór]
mutuário (m)	huamarrës (m)	[huamárəs]
importador (m)	importues (m)	[importúɛs]
exportador (m)	eksportues (m)	[ɛksportúɛs]
produtor (m)	prodhues (m)	[proðúɛs]
distribuidor (m)	distributor (m)	[distributór]
intermediário (m)	ndërmjetës (m)	[ndərmjétəs]
consultor (m)	këshilltar (m)	[kəʃiɫtár]
representante comercial	përfaqësues i shitjeve (m)	[pərfacəsúɛs i ʃitjévɛ]
agente (m)	agjent (m)	[aɟént]
agente (m) de seguros	agjent sigurimesh (m)	[aɟént sigurímɛʃ]

87. Profissões de serviços

cozinheiro (m)	kuzhinier (m)	[kuʒiniér]
chefe (m) de cozinha	shef kuzhine (m)	[ʃɛf kuʒínɛ]

padeiro (m)	furrtar (m)	[furtár]
barman (m)	banakier (m)	[banakiér]
garçom (m)	kamerier (m)	[kamɛriér]
garçonete (f)	kameriere (f)	[kamɛriérɛ]

advogado (m)	avokat (m)	[avokát]
jurista (m)	jurist (m)	[juríst]
notário (m)	noter (m)	[notér]

eletricista (m)	elektricist (m)	[ɛlɛktritsíst]
encanador (m)	hidraulik (m)	[hidraulík]
carpinteiro (m)	marangoz (m)	[maraŋóz]

massagista (m)	masazhist (m)	[masaʒíst]
massagista (f)	masazhiste (f)	[masaʒístɛ]
médico (m)	mjek (m)	[mjék]

taxista (m)	shofer taksie (m)	[ʃofér taksíɛ]
condutor (automobilista)	shofer (m)	[ʃofér]
entregador (m)	postier (m)	[postiér]

camareira (f)	pastruese (f)	[pastrúɛsɛ]
guarda (m)	roje sigurimi (m)	[rójɛ sigurími]
aeromoça (f)	stjuardesë (f)	[stjuardésə]

professor (m)	mësues (m)	[məsúɛs]
bibliotecário (m)	punonjës biblioteke (m)	[punóɲəs bibliotékɛ]
tradutor (m)	përkthyes (m)	[pərkθýɛs]
intérprete (m)	përkthyes (m)	[pərkθýɛs]
guia (m)	udhërrëfyes (m)	[uðərəfýɛs]

cabeleireiro (m)	parukiere (f)	[parukiérɛ]
carteiro (m)	postier (m)	[postiér]
vendedor (m)	shitës (m)	[ʃítəs]

jardineiro (m)	kopshtar (m)	[kopʃtár]
criado (m)	shërbëtor (m)	[ʃərbətór]
criada (f)	shërbëtore (f)	[ʃərbətórɛ]
empregada (f) de limpeza	pastruese (f)	[pastrúɛsɛ]

88. Profissões militares e postos

soldado (m) raso	ushtar (m)	[uʃtár]
sargento (m)	rreshter (m)	[rɛʃtér]
tenente (m)	toger (m)	[togér]
capitão (m)	kapiten (m)	[kapitén]

major (m)	major (m)	[majór]
coronel (m)	kolonel (m)	[kolonél]
general (m)	gjeneral (m)	[ɟɛnɛrál]
marechal (m)	marshall (m)	[marʃáł]
almirante (m)	admiral (m)	[admirál]
militar (m)	ushtri (f)	[uʃtrí]
soldado (m)	ushtar (m)	[uʃtár]

oficial (m)	oficer (m)	[ofitsér]
comandante (m)	komandant (m)	[komandánt]

guarda (m) de fronteira	roje kufiri (m)	[rójɛ kufíri]
operador (m) de rádio	radist (m)	[radíst]
explorador (m)	eksplorues (m)	[ɛksplorúɛs]
sapador-mineiro (m)	xhenier (m)	[dʒɛniér]
atirador (m)	shënjues (m)	[ʃəɲúɛs]
navegador (m)	navigues (m)	[navigúɛs]

89. Oficiais. Padres

rei (m)	mbret (m)	[mbrét]
rainha (f)	mbretëreshë (f)	[mbrɛtəréʃə]

príncipe (m)	princ (m)	[prints]
princesa (f)	princeshë (f)	[printséʃə]

czar (m)	car (m)	[tsár]
czarina (f)	carina (f)	[tsarína]

presidente (m)	president (m)	[prɛsidént]
ministro (m)	ministër (m)	[minístər]
primeiro-ministro (m)	kryeministër (m)	[kryɛminístər]
senador (m)	senator (m)	[sɛnatór]

diplomata (m)	diplomat (m)	[diplomát]
cônsul (m)	konsull (m)	[kónsuɫ]
embaixador (m)	ambasador (m)	[ambasadór]
conselheiro (m)	këshilltar diplomatik (m)	[kəʃiɫtár diplomatík]

funcionário (m)	zyrtar (m)	[zyrtár]
prefeito (m)	prefekt (m)	[prɛfékt]
Presidente (m) da Câmara	kryetar komune (m)	[kryɛtár komúnɛ]

juiz (m)	gjykatës (m)	[ɟykátəs]
procurador (m)	prokuror (m)	[prokurór]

missionário (m)	misionar (m)	[misionár]
monge (m)	murg (m)	[murg]
abade (m)	abat (m)	[abát]
rabino (m)	rabin (m)	[rabín]

vizir (m)	vezir (m)	[vɛzír]
xá (m)	shah (m)	[ʃah]
xeique (m)	sheik (m)	[ʃéik]

90. Profissões agrícolas

abelheiro (m)	bletar (m)	[blɛtár]
pastor (m)	bari (m)	[barí]
agrônomo (m)	agronom (m)	[agronóm]

| criador (m) de gado | rritës bagëtish (m) | [rítəs bagətíʃ] |
| veterinário (m) | veteriner (m) | [vɛtɛrinér] |

agricultor, fazendeiro (m)	fermer (m)	[fɛrmér]
vinicultor (m)	prodhues verërash (m)	[proðúɛs vérəraʃ]
zoólogo (m)	zoolog (m)	[zoológ]
vaqueiro (m)	lopar (m)	[lopár]

91. Profissões artísticas

| ator (m) | aktor (m) | [aktór] |
| atriz (f) | aktore (f) | [aktórɛ] |

| cantor (m) | këngëtar (m) | [kəŋətár] |
| cantora (f) | këngëtare (f) | [kəŋətárɛ] |

| bailarino (m) | valltar (m) | [vaɫtár] |
| bailarina (f) | valltare (f) | [vaɫtárɛ] |

| artista (m) | artist (m) | [artíst] |
| artista (f) | artiste (f) | [artístɛ] |

músico (m)	muzikant (m)	[muzikánt]
pianista (m)	pianist (m)	[pianíst]
guitarrista (m)	kitarist (m)	[kitaríst]

maestro (m)	dirigjent (m)	[diriɟént]
compositor (m)	kompozitor (m)	[kompozitór]
empresário (m)	organizator (m)	[organizatór]

diretor (m) de cinema	regjisor (m)	[rɛɟisór]
produtor (m)	producent (m)	[produtsént]
roteirista (m)	skenarist (m)	[skɛnaríst]
crítico (m)	kritik (m)	[kritík]

escritor (m)	shkrimtar (m)	[ʃkrimtár]
poeta (m)	poet (m)	[poét]
escultor (m)	skulptor (m)	[skulptór]
pintor (m)	piktor (m)	[piktór]

malabarista (m)	zhongler (m)	[ʒoŋlér]
palhaço (m)	kloun (m)	[kloún]
acrobata (m)	akrobat (m)	[akrobát]
ilusionista (m)	magjistar (m)	[maɟistár]

92. Várias profissões

médico (m)	mjek (m)	[mjék]
enfermeira (f)	infermiere (f)	[infɛrmiérɛ]
psiquiatra (m)	psikiatër (m)	[psikiátər]
dentista (m)	dentist (m)	[dɛntíst]
cirurgião (m)	kirurg (m)	[kirúrg]

astronauta (m)	astronaut (m)	[astronaút]
astrônomo (m)	astronom (m)	[astronóm]
piloto (m)	pilot (m)	[pilót]
motorista (m)	shofer (m)	[ʃofér]
maquinista (m)	makinist (m)	[makiníst]
mecânico (m)	mekanik (m)	[mɛkaník]
mineiro (m)	minator (m)	[minatór]
operário (m)	punëtor (m)	[punətór]
serralheiro (m)	bravandreqës (m)	[bravandrécəs]
marceneiro (m)	marangoz (m)	[maraŋóz]
torneiro (m)	tornitor (m)	[tornitór]
construtor (m)	punëtor ndërtimi (m)	[punətór ndərtími]
soldador (m)	saldator (m)	[saldatór]
professor (m)	profesor (m)	[profɛsór]
arquiteto (m)	arkitekt (m)	[arkitékt]
historiador (m)	historian (m)	[historián]
cientista (m)	shkencëtar (m)	[ʃkɛntsətár]
físico (m)	fizikant (m)	[fizikánt]
químico (m)	kimist (m)	[kimíst]
arqueólogo (m)	arkeolog (m)	[arkɛológ]
geólogo (m)	gjeolog (m)	[ɟɛológ]
pesquisador (cientista)	studiues (m)	[studiúɛs]
babysitter, babá (f)	dado (f)	[dádo]
professor (m)	mësues (m)	[məsúɛs]
redator (m)	redaktor (m)	[rɛdaktór]
redator-chefe (m)	kryeredaktor (m)	[kryɛrɛdaktór]
correspondente (m)	korrespondent (m)	[korɛspondént]
datilógrafa (f)	daktilografiste (f)	[daktilografístɛ]
designer (m)	projektues (m)	[projɛktúɛs]
especialista (m) em informática	ekspert kompjuterësh (m)	[ɛkspért kompjutérəʃ]
programador (m)	programues (m)	[programúɛs]
engenheiro (m)	inxhinier (m)	[indʒiniér]
marujo (m)	marinar (m)	[marinár]
marinheiro (m)	marinar (m)	[marinár]
socorrista (m)	shpëtimtar (m)	[ʃpətimtár]
bombeiro (m)	zjarrfikës (m)	[zjarfíkəs]
polícia (m)	polic (m)	[políts]
guarda-noturno (m)	roje (f)	[rójɛ]
detetive (m)	detektiv (m)	[dɛtɛktív]
funcionário (m) da alfândega	doganier (m)	[doganiér]
guarda-costas (m)	truprojë (f)	[truprójə]
guarda (m) prisional	gardian burgu (m)	[gardián búrgu]
inspetor (m)	inspektor (m)	[inspɛktór]
esportista (m)	sportist (m)	[sportíst]
treinador (m)	trajner (m)	[trajnér]

açougueiro (m)	kasap (m)	[kasáp]
sapateiro (m)	këpucëtar (m)	[kəputsətár]
comerciante (m)	tregtar (m)	[trɛgtár]
carregador (m)	ngarkues (m)	[ŋarkúɛs]
estilista (m)	stilist (m)	[stilíst]
modelo (f)	modele (f)	[modélɛ]

93. Ocupações. Estatuto social

estudante (~ de escola)	nxënës (m)	[ndzénəs]
estudante (~ universitária)	student (m)	[studént]
filósofo (m)	filozof (m)	[filozóf]
economista (m)	ekonomist (m)	[ɛkonomíst]
inventor (m)	shpikës (m)	[ʃpíkəs]
desempregado (m)	i papunë (m)	[i papúnə]
aposentado (m)	pensionist (m)	[pɛnsioníst]
espião (m)	spiun (m)	[spiún]
preso, prisioneiro (m)	i burgosur (m)	[i burgósur]
grevista (m)	grevist (m)	[grɛvíst]
burocrata (m)	burokrat (m)	[burokrát]
viajante (m)	udhëtar (m)	[uðətár]
homossexual (m)	homoseksual (m)	[homosɛksuál]
hacker (m)	haker (m)	[hakér]
hippie (m, f)	hipik (m)	[hipík]
bandido (m)	bandit (m)	[bandít]
assassino (m)	vrasës (m)	[vrásəs]
drogado (m)	narkoman (m)	[narkomán]
traficante (m)	trafikant droge (m)	[trafikánt drógɛ]
prostituta (f)	prostitutë (f)	[prostitútə]
cafetão (m)	tutor (m)	[tutór]
bruxo (m)	magjistar (m)	[maɟistár]
bruxa (f)	shtrigë (f)	[ʃtrígə]
pirata (m)	pirat (m)	[pirát]
escravo (m)	skllav (m)	[skɫav]
samurai (m)	samurai (m)	[samurái]
selvagem (m)	i egër (m)	[i égər]

Educação

94. Escola

escola (f)	shkollë (f)	[ʃkótə]
diretor (m) de escola	drejtor shkolle (m)	[drɛjtór ʃkótɛ]
aluno (m)	nxënës (m)	[ndzénəs]
aluna (f)	nxënëse (f)	[ndzénəsɛ]
estudante (m)	nxënës (m)	[ndzénəs]
estudante (f)	nxënëse (f)	[ndzénəsɛ]
ensinar (vt)	jap mësim	[jap məsím]
aprender (vt)	mësoj	[məsój]
decorar (vt)	mësoj përmendësh	[məsój pərméndəʃ]
estudar (vi)	mësoj	[məsój]
estar na escola	jam në shkollë	[jam nə ʃkótə]
ir à escola	shkoj në shkollë	[ʃkoj nə ʃkótə]
alfabeto (m)	alfabet (m)	[alfabét]
disciplina (f)	lëndë (f)	[léndə]
sala (f) de aula	klasë (f)	[klásə]
lição, aula (f)	mësim (m)	[məsím]
recreio (m)	pushim (m)	[puʃím]
toque (m)	zile e shkollës (f)	[zílɛ ɛ ʃkótəs]
classe (f)	bankë e shkollës (f)	[bánkə ɛ ʃkótəs]
quadro (m) negro	tabelë e zezë (f)	[tabélə ɛ zézə]
nota (f)	notë (f)	[nótə]
boa nota (f)	notë e mirë (f)	[nótə ɛ mírə]
nota (f) baixa	notë e keqe (f)	[nótə ɛ kécɛ]
dar uma nota	vendos notë	[vɛndós nótə]
erro (m)	gabim (m)	[gabím]
errar (vi)	bëj gabime	[bəj gabímɛ]
corrigir (~ um erro)	korrigjoj	[koriɟój]
cola (f)	kopje (f)	[kópjɛ]
dever (m) de casa	detyrë shtëpie (f)	[dɛtýrə ʃtəpíɛ]
exercício (m)	ushtrim (m)	[uʃtrím]
estar presente	jam prezent	[jam prɛzént]
estar ausente	mungoj	[muŋój]
faltar às aulas	mungoj në shkollë	[muŋój nə ʃkótə]
punir (vt)	ndëshkoj	[ndəʃkój]
punição (f)	ndëshkim (m)	[ndəʃkím]
comportamento (m)	sjellje (f)	[sjétjɛ]

boletim (m) escolar	**dëftesë** (f)	[dəftésə]
lápis (m)	**laps** (m)	[láps]
borracha (f)	**gomë** (f)	[gómə]
giz (m)	**shkumës** (m)	[ʃkúməs]
porta-lápis (m)	**portofol lapsash** (m)	[portofól lápsaʃ]

mala, pasta, mochila (f)	**çantë shkolle** (f)	[tʃántə ʃkółɛ]
caneta (f)	**stilolaps** (m)	[stiloláps]
caderno (m)	**fletore** (f)	[flɛtórɛ]
livro (m) didático	**tekst mësimor** (m)	[tɛkst məsimór]
compasso (m)	**kompas** (m)	[kompás]

traçar (vt)	**vizatoj**	[vizatój]
desenho (m) técnico	**vizatim teknik** (m)	[vizatím tɛkník]

poesia (f)	**poezi** (f)	[poɛzí]
de cor	**përmendësh**	[pərméndəʃ]
decorar (vt)	**mësoj përmendësh**	[məsój pərméndəʃ]

férias (f pl)	**pushimet e shkollës** (m)	[puʃímɛt ɛ ʃkółəs]
estar de férias	**jam me pushime**	[jam mɛ puʃímɛ]
passar as férias	**kaloj pushimet**	[kalój puʃímɛt]

teste (m), prova (f)	**test** (m)	[tɛst]
redação (f)	**ese** (f)	[ɛsé]
ditado (m)	**diktim** (m)	[diktím]
exame (m), prova (f)	**provim** (m)	[provím]
fazer prova	**kam provim**	[kam provím]
experiência (~ química)	**eksperiment** (m)	[ɛkspɛrimént]

95. Colégio. Universidade

academia (f)	**akademi** (f)	[akadɛmí]
universidade (f)	**universitet** (m)	[univɛrsitét]
faculdade (f)	**fakultet** (m)	[fakultét]

estudante (m)	**student** (m)	[studént]
estudante (f)	**studente** (f)	[studéntɛ]
professor (m)	**pedagog** (m)	[pɛdagóg]

auditório (m)	**auditor** (m)	[auditór]
graduado (m)	**i diplomuar** (m)	[i diplomúar]

diploma (m)	**diplomë** (f)	[diplómə]
tese (f)	**disertacion** (m)	[disɛrtatsión]

estudo (obra)	**studim** (m)	[studím]
laboratório (m)	**laborator** (m)	[laboratór]

palestra (f)	**leksion** (m)	[lɛksión]
colega (m) de curso	**shok kursi** (m)	[ʃok kúrsi]

bolsa (f) de estudos	**bursë** (f)	[búrsə]
grau (m) acadêmico	**diplomë akademike** (f)	[diplómə akadɛmíkɛ]

96. Ciências. Disciplinas

matemática (f)	matematikë (f)	[matɛmatíkə]
álgebra (f)	algjebër (f)	[alɟébər]
geometria (f)	gjeometri (f)	[ɟɛomɛtrí]
astronomia (f)	astronomi (f)	[astronomí]
biologia (f)	biologji (f)	[bioloɟí]
geografia (f)	gjeografi (f)	[ɟɛografí]
geologia (f)	gjeologji (f)	[ɟɛoloɟí]
história (f)	histori (f)	[historí]
medicina (f)	mjekësi (f)	[mjɛkəsí]
pedagogia (f)	pedagogji (f)	[pɛdagoɟí]
direito (m)	drejtësi (f)	[drɛjtəsí]
física (f)	fizikë (f)	[fizíkə]
química (f)	kimi (f)	[kimí]
filosofia (f)	filozofi (f)	[filozofí]
psicologia (f)	psikologji (f)	[psikoloɟí]

97. Sistema de escrita. Ortografia

gramática (f)	gramatikë (f)	[gramatíkə]
vocabulário (m)	fjalor (m)	[fjalór]
fonética (f)	fonetikë (f)	[fonɛtíkə]
substantivo (m)	emër (m)	[émər]
adjetivo (m)	mbiemër (m)	[mbiémər]
verbo (m)	folje (f)	[fóljɛ]
advérbio (m)	ndajfolje (f)	[ndajfóljɛ]
pronome (m)	përemër (m)	[pərémər]
interjeição (f)	pasthirrmë (f)	[pasθírmə]
preposição (f)	parafjalë (f)	[parafjálə]
raiz (f)	rrënjë (f)	[réɲə]
terminação (f)	fundore (f)	[fundórɛ]
prefixo (m)	parashtesë (f)	[paraʃtésə]
sílaba (f)	rrokje (f)	[rókjɛ]
sufixo (m)	prapashtesë (f)	[prapaʃtésə]
acento (m)	theks (m)	[θɛks]
apóstrofo (f)	apostrof (m)	[apostróf]
ponto (m)	pikë (f)	[píkə]
vírgula (f)	presje (f)	[présjɛ]
ponto e vírgula (m)	pikëpresje (f)	[pikəprésjɛ]
dois pontos (m pl)	dy pika (f)	[dy píka]
reticências (f pl)	tre pika (f)	[trɛ píka]
ponto (m) de interrogação	pikëpyetje (f)	[pikəpýɛtjɛ]
ponto (m) de exclamação	pikëçuditje (f)	[pikətʃudítjɛ]

aspas (f pl)	thonjëza (f)	[θóɲəza]
entre aspas	në thonjëza	[nə θóɲəza]
parênteses (m pl)	kllapa (f)	[kɫápa]
entre parênteses	brenda kllapave	[brénda kɫápavɛ]
hífen (m)	vizë ndarëse (f)	[vízə ndárəsɛ]
travessão (m)	vizë (f)	[vízə]
espaço (m)	hapësirë (f)	[hapəsírə]
letra (f)	shkronjë (f)	[ʃkróɲə]
letra (f) maiúscula	shkronjë e madhe (f)	[ʃkróɲə ɛ máðɛ]
vogal (f)	zanore (f)	[zanórɛ]
consoante (f)	bashkëtingëllore (f)	[baʃkətiŋəɫórɛ]
frase (f)	fjali (f)	[fjalí]
sujeito (m)	kryefjalë (f)	[kryɛfjálə]
predicado (m)	kallëzues (m)	[kaɫəzúɛs]
linha (f)	rresht (m)	[réʃt]
em uma nova linha	rresht i ri	[réʃt i rí]
parágrafo (m)	paragraf (m)	[paragráf]
palavra (f)	fjalë (f)	[fjálə]
grupo (m) de palavras	grup fjalësh (m)	[grup fjáləʃ]
expressão (f)	shprehje (f)	[ʃpréhjɛ]
sinônimo (m)	sinonim (m)	[sinoním]
antônimo (m)	antonim (m)	[antoním]
regra (f)	rregull (m)	[réguɫ]
exceção (f)	përjashtim (m)	[pərjaʃtím]
correto (adj)	saktë	[sáktə]
conjugação (f)	lakim (m)	[lakím]
declinação (f)	rasë	[rásə]
caso (m)	rasë emërore (f)	[rásə ɛmərórɛ]
pergunta (f)	pyetje (f)	[pýɛtjɛ]
sublinhar (vt)	nënvijëzoj	[nənvijəzój]
linha (f) pontilhada	vijë me ndërprerje (f)	[víjə mɛ ndərprérjɛ]

98. Línguas estrangeiras

língua (f)	gjuhë (f)	[ɟúhə]
estrangeiro (adj)	huaj	[húaj]
língua (f) estrangeira	gjuhë e huaj (f)	[ɟúhə ɛ húaj]
estudar (vt)	studioj	[studiój]
aprender (vt)	mësoj	[məsój]
ler (vt)	lexoj	[lɛdzój]
falar (vi)	flas	[flas]
entender (vt)	kuptoj	[kuptój]
escrever (vt)	shkruaj	[ʃkrúaj]
rapidamente	shpejt	[ʃpɛjt]
devagar, lentamente	ngadalë	[ŋadálə]

fluentemente	rrjedhshëm	[rjéðʃəm]
regras (f pl)	rregullat (pl)	[réguɬat]
gramática (f)	gramatikë (f)	[gramatíkə]
vocabulário (m)	fjalor (m)	[fjalór]
fonética (f)	fonetikë (f)	[fonɛtíkə]

livro (m) didático	tekst mësimor (m)	[tɛkst məsimór]
dicionário (m)	fjalor (m)	[fjalór]
manual (m) autodidático	libër i mësimit autodidakt (m)	[líbər i məsímit autodidákt]
guia (m) de conversação	libër frazeologjik (m)	[líbər frazɛoloɟík]

fita (f) cassete	kasetë (f)	[kasétə]
videoteipe (m)	videokasetë (f)	[vidɛokasétə]
CD (m)	CD (f)	[tsɛdé]
DVD (m)	DVD (m)	[dividí]

alfabeto (m)	alfabet (m)	[alfabét]
soletrar (vt)	gërmëzoj	[gərməzój]
pronúncia (f)	shqiptim (m)	[ʃciptím]

sotaque (m)	aksent (m)	[aksént]
com sotaque	me aksent	[mɛ aksént]
sem sotaque	pa aksent	[pa aksént]

palavra (f)	fjalë (f)	[fjálə]
sentido (m)	kuptim (m)	[kuptím]

curso (m)	kurs (m)	[kurs]
inscrever-se (vr)	regjistrohem	[rɛɟistróhɛm]
professor (m)	mësues (m)	[məsúɛs]

tradução (processo)	përkthim (m)	[pərkθím]
tradução (texto)	përkthim (m)	[pərkθím]
tradutor (m)	përkthyes (m)	[pərkθýɛs]
intérprete (m)	përkthyes (m)	[pərkθýɛs]

poliglota (m)	poliglot (m)	[poliglót]
memória (f)	kujtesë (f)	[kujtésə]

Descanso. Entretenimento. Viagens

99. Viagens

turismo (m)	turizëm (m)	[turízəm]
turista (m)	turist (m)	[turíst]
viagem (f)	udhëtim (m)	[uðətím]
aventura (f)	aventurë (f)	[avɛntúrə]
percurso (curta viagem)	udhëtim (m)	[uðətím]
férias (f pl)	pushim (m)	[puʃím]
estar de férias	jam me pushime	[jam mɛ puʃímɛ]
descanso (m)	pushim (m)	[puʃím]
trem (m)	tren (m)	[trɛn]
de trem (chegar ~)	me tren	[mɛ trén]
avião (m)	avion (m)	[avión]
de avião	me avion	[mɛ avión]
de carro	me makinë	[mɛ makínə]
de navio	me anije	[mɛ aníjɛ]
bagagem (f)	bagazh (m)	[bagáʒ]
mala (f)	valixhe (f)	[valídʒɛ]
carrinho (m)	karrocë bagazhesh (f)	[karótsə bagáʒɛʃ]
passaporte (m)	pasaportë (f)	[pasapórtə]
visto (m)	vizë (f)	[vízə]
passagem (f)	biletë (f)	[bilétə]
passagem (f) aérea	biletë avioni (f)	[bilétə avióni]
guia (m) de viagem	guidë turistike (f)	[guídə turistíkɛ]
mapa (m)	hartë (f)	[hártə]
área (f)	zonë (f)	[zónə]
lugar (m)	vend (m)	[vɛnd]
exotismo (m)	ekzotikë (f)	[ɛkzotíkə]
exótico (adj)	ekzotik	[ɛkzotík]
surpreendente (adj)	mahnitëse	[mahnítəsɛ]
grupo (m)	grup (m)	[grup]
excursão (f)	ekskursion (m)	[ɛkskursión]
guia (m)	udhërrëfyes (m)	[uðərəfýɛs]

100. Hotel

hotel (m), hospedaria (f)	hotel (m)	[hotél]
motel (m)	motel (m)	[motél]
três estrelas	me tre yje	[mɛ trɛ ýjɛ]

| cinco estrelas | me pesë yje | [mɛ pésə ýjɛ] |
| ficar (vi, vt) | qëndroj | [cəndrój] |

quarto (m)	dhomë (f)	[ðómə]
quarto (m) individual	dhomë teke (f)	[ðómə tékɛ]
quarto (m) duplo	dhomë dyshe (f)	[ðómə dýʃɛ]
reservar um quarto	rezervoj një dhomë	[rɛzɛrvój ɲə ðómə]

| meia pensão (f) | gjysmë-pension (m) | [ɟýsmə-pɛnsión] |
| pensão (f) completa | pension i plotë (m) | [pɛnsión i plótə] |

com banheira	me banjo	[mɛ báɲo]
com chuveiro	me dush	[mɛ dúʃ]
televisão (m) por satélite	televizor satelitor (m)	[tɛlɛvizór satɛlitór]
ar (m) condicionado	kondicioner (m)	[konditsionér]
toalha (f)	peshqir (m)	[pɛʃcír]
chave (f)	çelës (m)	[tʃéləs]

administrador (m)	administrator (m)	[administratór]
camareira (f)	pastruese (f)	[pastrúɛsɛ]
bagageiro (m)	portier (m)	[portiér]
porteiro (m)	portier (m)	[portiér]

restaurante (m)	restorant (m)	[rɛstoránt]
bar (m)	pab (m), pijetore (f)	[pab], [pijɛtórɛ]
café (m) da manhã	mëngjes (m)	[mənɟés]
jantar (m)	darkë (f)	[dárkə]
bufê (m)	bufe (f)	[bufé]

| saguão (m) | holl (m) | [hoɫ] |
| elevador (m) | ashensor (m) | [aʃɛnsór] |

| NÃO PERTURBE | MOS SHQETËSONI | [mos ʃcɛtəsóni] |
| PROIBIDO FUMAR! | NDALOHET DUHANI | [ndalóhɛt duháni] |

EQUIPAMENTO TÉCNICO. TRANSPORTES

Equipamento técnico. Transportes

101. Computador

computador (m)	kompjuter (m)	[kompjutér]
computador (m) portátil	laptop (m)	[laptóp]
ligar (vt)	ndez	[ndɛz]
desligar (vt)	fik	[fik]
teclado (m)	tastiera (f)	[tastiéra]
tecla (f)	çelës (m)	[tʃéləs]
mouse (m)	maus (m)	[máus]
tapete (m) para mouse	shtroje e mausit (f)	[ʃtrójɛ ɛ máusit]
botão (m)	buton (m)	[butón]
cursor (m)	kursor (m)	[kursór]
monitor (m)	monitor (m)	[monitór]
tela (f)	ekran (m)	[ɛkrán]
disco (m) rígido	hard disk (m)	[hárd dísk]
capacidade (f) do disco rígido	kapaciteti i hard diskut (m)	[kapatsitéti i hárd dískut]
memória (f)	memorie (f)	[mɛmóriɛ]
memória RAM (f)	memorie operative (f)	[mɛmóriɛ opɛratívɛ]
arquivo (m)	skedë (f)	[skédə]
pasta (f)	dosje (f)	[dósjɛ]
abrir (vt)	hap	[hap]
fechar (vt)	mbyll	[mbyɫ]
salvar (vt)	ruaj	[rúaj]
deletar (vt)	fshij	[fʃíj]
copiar (vt)	kopjoj	[kopjój]
ordenar (vt)	sistemoj	[sistɛmój]
copiar (vt)	transferoj	[transfɛrój]
programa (m)	program (m)	[prográm]
software (m)	softuer (f)	[softuér]
programador (m)	programues (m)	[programúɛs]
programar (vt)	programoj	[programój]
hacker (m)	haker (m)	[hakér]
senha (f)	fjalëkalim (m)	[fjaləkalím]
vírus (m)	virus (m)	[virús]
detectar (vt)	zbuloj	[zbulój]
byte (m)	bajt (m)	[bájt]

megabyte (m)	megabajt (m)	[mɛgabájt]
dados (m pl)	të dhënat (pl)	[tə ðénat]
base (f) de dados	databazë (f)	[databázə]

cabo (m)	kabllo (f)	[kábło]
desconectar (vt)	shkëpus	[ʃkəpús]
conectar (vt)	lidh	[lið]

102. Internet. E-mail

internet (f)	internet (m)	[intɛrnét]
browser (m)	shfletues (m)	[ʃflɛtúɛs]
motor (m) de busca	makineri kërkimi (f)	[makinɛrí kərkími]
provedor (m)	ofrues (m)	[ofrúɛs]

webmaster (m)	uebmaster (m)	[uɛbmástɛr]
website (m)	ueb-faqe (f)	[uéb-fácɛ]
web page (f)	ueb-faqe (f)	[uéb-fácɛ]

| endereço (m) | adresë (f) | [adrésə] |
| livro (m) de endereços | libërth adresash (m) | [líbərθ adrésaʃ] |

caixa (f) de correio	kuti postare (f)	[kutí postárɛ]
correio (m)	postë (f)	[póstə]
cheia (caixa de correio)	i mbushur	[i mbúʃur]

mensagem (f)	mesazh (m)	[mɛsáʒ]
mensagens (f pl) recebidas	mesazhe të ardhura (pl)	[mɛsáʒɛ tə árðura]
mensagens (f pl) enviadas	mesazhe të dërguara (pl)	[mɛsáʒɛ tə dərgúara]

remetente (m)	dërguesi (m)	[dərgúɛsi]
enviar (vt)	dërgoj	[dərgój]
envio (m)	dërgesë (f)	[dərgésə]

| destinatário (m) | pranues (m) | [pranúɛs] |
| receber (vt) | pranoj | [pranój] |

| correspondência (f) | korrespondencë (f) | [korɛspondéntsə] |
| corresponder-se (vr) | komunikim | [komunikím] |

arquivo (m)	skedë (f)	[skédə]
fazer download, baixar (vt)	shkarkoj	[ʃkarkój]
criar (vt)	krijoj	[krijój]
deletar (vt)	fshij	[fʃíj]
deletado (adj)	e fshirë	[ɛ fʃírə]

conexão (f)	lidhje (f)	[líðjɛ]
velocidade (f)	shpejtësi (f)	[ʃpɛjtəsí]
modem (m)	modem (m)	[modém]
acesso (m)	hyrje (f)	[hýrjɛ]
porta (f)	port (m)	[port]

| conexão (f) | lidhje (f) | [líðjɛ] |
| conectar (vi) | lidhem me … | [líðɛm mɛ …] |

| escolher (vt) | përzgjedh | [pərzɟéð] |
| buscar (vt) | kërkoj … | [kərkój …] |

103. Eletricidade

eletricidade (f)	elektricitet (m)	[ɛlɛktritsitét]
elétrico (adj)	elektrik	[ɛlɛktrík]
planta (f) elétrica	hidrocentral (m)	[hidrotsɛntrál]
energia (f)	energji (f)	[ɛnɛrɟí]
energia (f) elétrica	energji elektrike (f)	[ɛnɛrɟí ɛlɛktríkɛ]

lâmpada (f)	poç (m)	[potʃ]
lanterna (f)	llambë dore (f)	[łámbə dórɛ]
poste (m) de iluminação	llambë rruge (f)	[łámbə rúgɛ]

luz (f)	dritë (f)	[drítə]
ligar (vt)	ndez	[ndɛz]
desligar (vt)	fik	[fik]
apagar a luz	fik dritën	[fík drítən]

queimar (vi)	digjet	[díɟɛt]
curto-circuito (m)	qark i shkurtër (m)	[cark i ʃkúrtər]
ruptura (f)	tel i prishur (m)	[tɛl i príʃur]
contato (m)	kontakt (m)	[kontákt]

interruptor (m)	çelës drite (m)	[tʃéləs drítɛ]
tomada (de parede)	prizë (f)	[prízə]
plugue (m)	spinë (f)	[spínə]
extensão (f)	zgjatues (m)	[zɟatúɛs]

fusível (m)	siguresë (f)	[sigurésə]
fio, cabo (m)	kabllo (f)	[kábło]
instalação (f) elétrica	rrjet elektrik (m)	[rjét ɛlɛktrík]

ampère (m)	amper (m)	[ampér]
amperagem (f)	amperazh (f)	[ampɛráʒ]
volt (m)	volt (m)	[volt]
voltagem (f)	voltazh (m)	[voltáʒ]

| aparelho (m) elétrico | aparat elektrik (m) | [aparát ɛlɛktrík] |
| indicador (m) | indikator (m) | [indikatór] |

eletricista (m)	elektricist (m)	[ɛlɛktritsíst]
soldar (vt)	saldoj	[saldój]
soldador (m)	pajisje saldimi (f)	[pajísjɛ saldími]
corrente (f) elétrica	korrent elektrik (m)	[korént ɛlɛktrík]

104. Ferramentas

ferramenta (f)	vegël (f)	[végəl]
ferramentas (f pl)	vegla (pl)	[végla]
equipamento (m)	pajisje (f)	[pajísjɛ]

martelo (m)	çekiç (m)	[tʃɛkítʃ]
chave (f) de fenda	kaçavidë (f)	[katʃavídə]
machado (m)	sëpatë (f)	[səpátə]

serra (f)	sharrë (f)	[ʃárə]
serrar (vt)	sharroj	[ʃarój]
plaina (f)	zdrukthues (m)	[zdrukθúɛs]
aplainar (vt)	zdrukthoj	[zdrukθój]
soldador (m)	pajisje saldimi (f)	[pajísjɛ saldími]
soldar (vt)	saldoj	[saldój]

lima (f)	limë (f)	[límə]
tenaz (f)	darë (f)	[dárə]
alicate (m)	pinca (f)	[píntsa]
formão (m)	daltë (f)	[dáltə]

broca (f)	turjelë (f)	[turjélə]
furadeira (f) elétrica	shpuese elektrike (f)	[ʃpúɛsɛ ɛlɛktríkɛ]
furar (vt)	shpoj	[ʃpoj]

faca (f)	thikë (f)	[θíkə]
canivete (m)	thikë xhepi (f)	[θíkə dʒépi]
lâmina (f)	teh (m)	[tɛh]

afiado (adj)	i mprehtë	[i mpréhtə]
cego (adj)	i topitur	[i topítur]
embotar-se (vr)	bëhet e topítur	[béhɛt ɛ topítur]
afiar, amolar (vt)	mpreh	[mpréh]

parafuso (m)	vidë (f)	[vídə]
porca (f)	dado (f)	[dádo]
rosca (f)	filetë e vidhës (f)	[filétə ɛ víðəs]
parafuso (para madeira)	vidhë druri (f)	[víðə drúri]

| prego (m) | gozhdë (f) | [góʒdə] |
| cabeça (f) do prego | kokë gozhde (f) | [kókə góʒdɛ] |

régua (f)	vizore (f)	[vizórɛ]
fita (f) métrica	metër (m)	[métər]
nível (m)	nivelizues (m)	[nivɛlizúɛs]
lupa (f)	lente zmadhuese (f)	[léntɛ zmaðúɛsɛ]

medidor (m)	mjet matës (m)	[mjét mátəs]
medir (vt)	mas	[mas]
escala (f)	gradë (f)	[grádə]
indicação (f), registro (m)	matjet (pl)	[mátjɛt]

| compressor (m) | kompresor (m) | [komprɛsór] |
| microscópio (m) | mikroskop (m) | [mikroskóp] |

bomba (f)	pompë (f)	[pómpə]
robô (m)	robot (m)	[robót]
laser (m)	laser (m)	[lasér]

| chave (f) de boca | çelës (m) | [tʃéləs] |
| fita (f) adesiva | shirit ngjitës (m) | [ʃirít ɲítəs] |

cola (f)	ngjitës (m)	[nɟítəs]
lixa (f)	letër smeril (f)	[létər smɛríl]
mola (f)	sustë (f)	[sústə]
ímã (m)	magnet (m)	[magnét]
luva (f)	dorëza (pl)	[dórəza]

corda (f)	litar (m)	[litár]
cabo (~ de nylon, etc.)	kordon (m)	[kordón]
fio (m)	tel (m)	[tɛl]
cabo (~ elétrico)	kabllo (f)	[kábɫo]

marreta (f)	çekan i rëndë (m)	[tʃɛkán i rəndə]
pé de cabra (m)	levë (f)	[lévə]
escada (f) de mão	shkallë (f)	[ʃkáɫə]
escada (m)	shkallëz (f)	[ʃkáɫəz]

enroscar (vt)	vidhos	[viðós]
desenroscar (vt)	zhvidhos	[ʒviðós]
apertar (vt)	shtrëngoj	[ʃtrəŋój]
colar (vt)	ngjes	[nɟés]
cortar (vt)	pres	[prɛs]

falha (f)	avari (f)	[avarí]
conserto (m)	riparim (m)	[riparím]
consertar, reparar (vt)	riparoj	[riparój]
regular, ajustar (vt)	rregulloj	[rɛguɫój]

verificar (vt)	kontrolloj	[kontroɫój]
verificação (f)	kontroll (m)	[kontróɫ]
indicação (f), registro (m)	matjet (pl)	[mátjɛt]

seguro (adj)	e sigurt	[ɛ sígurt]
complicado (adj)	komplekse	[kompléksɛ]

enferrujar (vi)	ndryshket	[ndrýʃkɛt]
enferrujado (adj)	e ndryshkur	[ɛ ndrýʃkur]
ferrugem (f)	ndryshk (m)	[ndrýʃk]

Transportes

105. Avião

avião (m)	avion (m)	[avión]
passagem (f) aérea	biletë avioni (f)	[bilétə avióni]
companhia (f) aérea	kompani ajrore (f)	[kompaní ajróɾɛ]
aeroporto (m)	aeroport (m)	[aɛropórt]
supersônico (adj)	supersonik	[supɛrsoník]
comandante (m) do avião	kapiten (m)	[kapitén]
tripulação (f)	ekip (m)	[ɛkíp]
piloto (m)	pilot (m)	[pilót]
aeromoça (f)	stjuardesë (f)	[stjuardésə]
copiloto (m)	navigues (m)	[navigúɛs]
asas (f pl)	krahë (pl)	[kráhə]
cauda (f)	bisht (m)	[biʃt]
cabine (f)	kabinë (f)	[kabínə]
motor (m)	motor (m)	[motór]
trem (m) de pouso	karrel (m)	[karél]
turbina (f)	turbinë (f)	[turbínə]
hélice (f)	helikë (f)	[hɛlíkə]
caixa-preta (f)	kuti e zeze (f)	[kutí ɛ zézə]
coluna (f) de controle	timon (m)	[timón]
combustível (m)	karburant (m)	[karburánt]
instruções (f pl) de segurança	udhëzime sigurie (pl)	[uðəzímɛ siguríɛ]
máscara (f) de oxigênio	maskë oksigjeni (f)	[máskə oksiɟéni]
uniforme (m)	uniformë (f)	[unifórmə]
colete (m) salva-vidas	jelek shpëtimi (m)	[jɛlék ʃpətími]
paraquedas (m)	parashutë (f)	[paraʃútə]
decolagem (f)	ngritje (f)	[ŋrítjɛ]
descolar (vi)	fluturon	[fluturón]
pista (f) de decolagem	pista e fluturimit (f)	[písta ɛ fluturímit]
visibilidade (f)	shikueshmëri (f)	[ʃikuɛʃmərí]
voo (m)	fluturim (m)	[fluturím]
altura (f)	lartësi (f)	[lartəsí]
poço (m) de ar	xhep ajri (m)	[dʒɛp ájri]
assento (m)	karrige (f)	[karígɛ]
fone (m) de ouvido	kufje (f)	[kúfjɛ]
mesa (f) retrátil	tabaka (f)	[tabaká]
janela (f)	dritare avioni (f)	[dritárɛ avióni]
corredor (m)	korridor (m)	[koridór]

106. Comboio

trem (m)	tren (m)	[trɛn]
trem (m) elétrico	tren elektrik (m)	[trɛn ɛlɛktrík]
trem (m)	tren ekspres (m)	[trɛn ɛksprés]
locomotiva (f) diesel	lokomotivë me naftë (f)	[lokomótivə mɛ náftə]
locomotiva (f) a vapor	lokomotivë me avull (f)	[lokomótivə mɛ ávuɫ]

vagão (f) de passageiros	vagon (m)	[vagón]
vagão-restaurante (m)	vagon restorant (m)	[vagón rɛstoránt]

carris (m pl)	shina (pl)	[ʃína]
estrada (f) de ferro	hekurudhë (f)	[hɛkurúðə]
travessa (f)	traversë (f)	[travérsə]

plataforma (f)	platformë (f)	[platfórmə]
linha (f)	binar (m)	[binár]
semáforo (m)	semafor (m)	[sɛmafór]
estação (f)	stacion (m)	[statsión]

maquinista (m)	makinist (m)	[makiníst]
bagageiro (m)	portier (m)	[portiér]
hospedeiro, -a (m, f)	konduktor (m)	[konduktór]
passageiro (m)	pasagjer (m)	[pasaɟér]
revisor (m)	konduktor (m)	[konduktór]

corredor (m)	korridor (m)	[koridór]
freio (m) de emergência	frena urgjence (f)	[fréna urɟéntsɛ]

compartimento (m)	ndarje (f)	[ndárjɛ]
cama (f)	kat (m)	[kat]
cama (f) de cima	kati i sipërm (m)	[káti i sípərm]
cama (f) de baixo	kati i poshtëm (m)	[káti i póʃtəm]
roupa (f) de cama	shtroje shtrati (pl)	[ʃtrójɛ ʃtráti]

passagem (f)	biletë (f)	[bilétə]
horário (m)	orar (m)	[orár]
painel (m) de informação	tabelë e informatave (f)	[tabélə ɛ informátavɛ]

partir (vt)	niset	[nísɛt]
partida (f)	nisje (f)	[nísjɛ]
chegar (vi)	arrij	[aríj]
chegada (f)	arritje (f)	[arítjɛ]

chegar de trem	arrij me tren	[aríj mɛ trɛn]
pegar o trem	hip në tren	[hip nə trén]
descer de trem	zbres nga treni	[zbrɛs ŋa tréni]

acidente (m) ferroviário	aksident hekurudhor (m)	[aksidént hɛkuruðór]
descarrilar (vi)	del nga shinat	[dɛl ŋa ʃínat]

locomotiva (f) a vapor	lokomotivë me avull (f)	[lokomótivə mɛ ávuɫ]
foguista (m)	mbikëqyrës i zjarrit (m)	[mbikəcýrəs i zjárit]
fornalha (f)	furrë (f)	[fúrə]
carvão (m)	qymyr (m)	[cymýr]

107. Barco

navio (m)	anije (f)	[aníjɛ]
embarcação (f)	mjet lundrues (m)	[mjét lundrúɛs]
barco (m) a vapor	anije me avull (f)	[aníjɛ mɛ ávuɫ]
barco (m) fluvial	anije lumi (f)	[aníjɛ lúmi]
transatlântico (m)	krocierë (f)	[krotsiérə]
cruzeiro (m)	anije luftarake (f)	[aníjɛ luftarákɛ]
iate (m)	jaht (m)	[jáht]
rebocador (m)	anije rimorkiuese (f)	[aníjɛ rimorkiúɛsɛ]
barcaça (f)	anije transportuese (f)	[aníjɛ transportúɛsɛ]
ferry (m)	traget (m)	[tragét]
veleiro (m)	anije me vela (f)	[aníjɛ mɛ véla]
bergantim (m)	brigantinë (f)	[brigantínə]
quebra-gelo (m)	akullthyese (f)	[akuɫθýɛsɛ]
submarino (m)	nëndetëse (f)	[nəndétəsɛ]
bote, barco (m)	barkë (f)	[bárkə]
baleeira (bote salva-vidas)	gomone (f)	[gomónɛ]
bote (m) salva-vidas	varkë shpëtimi (f)	[várkə ʃpətími]
lancha (f)	skaf (m)	[skaf]
capitão (m)	kapiten (m)	[kapitén]
marinheiro (m)	marinar (m)	[marinár]
marujo (m)	marinar (m)	[marinár]
tripulação (f)	ekip (m)	[ɛkíp]
contramestre (m)	kryemarinar (m)	[kryɛmarinár]
grumete (m)	djali i anijes (m)	[djáli i aníjɛs]
cozinheiro (m) de bordo	kuzhinier (m)	[kuʒiniér]
médico (m) de bordo	doktori i anijes (m)	[doktóri i aníjɛs]
convés (m)	kuverta (f)	[kuvérta]
mastro (m)	direk (m)	[dirék]
vela (f)	vela (f)	[véla]
porão (m)	bagazh (m)	[bagáʒ]
proa (f)	harku sipëror (m)	[hárku sipərór]
popa (f)	pjesa e pasme (f)	[pjésa ɛ pásmɛ]
remo (m)	rrem (m)	[rɛm]
hélice (f)	helikë (f)	[hɛlíkə]
cabine (m)	kabinë (f)	[kabínə]
sala (f) dos oficiais	zyrë e oficerëve (m)	[zýrə ɛ ofitsérəvɛ]
sala (f) das máquinas	salla e motorit (m)	[sáɫa ɛ motórit]
ponte (m) de comando	urë komanduese (f)	[úrə komandúɛsɛ]
sala (f) de comunicações	kabina radiotelegrafike (f)	[kabína radiotɛlɛgrafíkɛ]
onda (f)	valë (f)	[válə]
diário (m) de bordo	libri i shënimeve (m)	[líbri i ʃənímɛvɛ]
luneta (f)	dylbi (f)	[dylbí]
sino (m)	këmbanë (f)	[kəmbánə]

bandeira (f)	flamur (m)	[flamúr]
cabo (m)	pallamar (m)	[paɫamár]
nó (m)	nyjë (f)	[nýjə]
corrimão (m)	parmakë (pl)	[parmákə]
prancha (f) de embarque	shkallë (f)	[ʃkáɫə]
âncora (f)	spirancë (f)	[spirántsə]
recolher a âncora	ngre spirancën	[ŋré spirántsən]
jogar a âncora	hedh spirancën	[hɛð spirántsən]
amarra (corrente de âncora)	zinxhir i spirancës (m)	[zindʒír i spirántsəs]
porto (m)	port (m)	[port]
cais, amarradouro (m)	skelë (f)	[skélə]
atracar (vi)	ankoroj	[ankorój]
desatracar (vi)	niset	[nísɛt]
viagem (f)	udhëtim (m)	[uðətím]
cruzeiro (m)	udhëtim me krocierë (f)	[uðətím mɛ krotsiérə]
rumo (m)	kursi i udhëtimit (m)	[kúrsi i uðətímit]
itinerário (m)	itinerar (m)	[itinɛrár]
canal (m) de navegação	ujëra të lundrueshme (f)	[újəra tə lundrúeʃmɛ]
banco (m) de areia	cekëtinë (f)	[tsɛkətínə]
encalhar (vt)	bllokohet në rërë	[bɫokóhɛt nə rərə]
tempestade (f)	stuhi (f)	[stuhí]
sinal (m)	sinjal (m)	[siɲál]
afundar-se (vr)	fundoset	[fundósɛt]
Homem ao mar!	Njeri në det!	[ɲɛrí nə dɛt!]
SOS	SOS (m)	[sos]
boia (f) salva-vidas	bovë shpëtuese (f)	[bóvə ʃpətúɛsɛ]

108. Aeroporto

aeroporto (m)	aeroport (m)	[aɛropórt]
avião (m)	avion (m)	[avión]
companhia (f) aérea	kompani ajrore (f)	[kompaní ajrórɛ]
controlador (m) de tráfego aéreo	kontroll i trafikut ajror (m)	[kontróɫ i trafíkut ajrór]
partida (f)	nisje (f)	[nísjɛ]
chegada (f)	arritje (f)	[arítjɛ]
chegar (vi)	arrij me avion	[aríj mɛ avión]
hora (f) de partida	nisja (f)	[nísja]
hora (f) de chegada	arritja (f)	[arítja]
estar atrasado	vonesë	[vonésə]
atraso (m) de voo	vonesë avioni (f)	[vonésə avióni]
painel (m) de informação	ekrani i informacioneve (m)	[ɛkráni i informatsiónɛvɛ]
informação (f)	informacion (m)	[informatsión]
anunciar (vt)	njoftoj	[ɲoftój]

voo (m)	fluturim (m)	[fluturím]
alfândega (f)	doganë (f)	[dogánə]
funcionário (m) da alfândega	doganier (m)	[doganiér]
declaração (f) alfandegária	deklarim doganor (m)	[dɛklarím doganór]
preencher (vt)	plotësoj	[plotəsój]
preencher a declaração	plotësoj deklaratën	[plotəsój dɛklarátən]
controle (m) de passaporte	kontroll pasaportash (m)	[kontrół pasapórtaʃ]
bagagem (f)	bagazh (m)	[bagáʒ]
bagagem (f) de mão	bagazh dore (m)	[bagáʒ dórɛ]
carrinho (m)	karrocë bagazhesh (f)	[karótsə bagáʒɛʃ]
pouso (m)	aterrim (m)	[atɛrím]
pista (f) de pouso	pistë aterrimi (f)	[pístə atɛrími]
aterrissar (vi)	aterroj	[atɛrój]
escada (f) de avião	shkallë avioni (f)	[ʃkáłə avióni]
check-in (m)	regjistrim (m)	[rɛɟistrím]
balcão (m) do check-in	sportel regjistrimi (m)	[sportél rɛɟistrími]
fazer o check-in	regjistrohem	[rɛɟistróhɛm]
cartão (m) de embarque	biletë e hyrjes (f)	[bilétə ɛ hýrjɛs]
portão (m) de embarque	porta e nisjes (f)	[pórta ɛ nísjɛs]
trânsito (m)	transit (m)	[transít]
esperar (vi, vt)	pres	[prɛs]
sala (f) de espera	salla e nisjes (f)	[sáła ɛ nísjɛs]
despedir-se (acompanhar)	përcjell	[pərtsjéł]
despedir-se (dizer adeus)	përshëndetem	[pərʃəndétɛm]

Eventos

109. Férias. Evento

festa (f)	festë (f)	[féstə]
feriado (m) nacional	festë kombëtare (f)	[féstə kombətárɛ]
feriado (m)	festë publike (f)	[féstə publíkɛ]
festejar (vt)	festoj	[fɛstój]

evento (festa, etc.)	ceremoni (f)	[tsɛrɛmoní]
evento (banquete, etc.)	eveniment (m)	[ɛvɛnimént]
banquete (m)	banket (m)	[bankét]
recepção (f)	pritje (f)	[prítjɛ]
festim (m)	aheng (m)	[ahéŋ]

aniversário (m)	përvjetor (m)	[pərvjɛtór]
jubileu (m)	jubile (m)	[jubilé]
celebrar (vt)	festoj	[fɛstój]

Ano (m) Novo	Viti i Ri (m)	[víti i rí]
Feliz Ano Novo!	Gëzuar Vitin e Ri!	[gəzúar vítin ɛ rí!]
Papai Noel (m)	Santa Klaus (m)	[sánta kláus]

Natal (m)	Krishtlindje (f)	[kriʃtlíndjɛ]
Feliz Natal!	Gëzuar Krishtlindjen!	[gəzúar kriʃtlíndjɛn!]
árvore (f) de Natal	péma e Krishtlindjes (f)	[péma ɛ kriʃtlíndjɛs]
fogos (m pl) de artifício	fishekzjarrë (m)	[fiʃɛkzjárə]

casamento (m)	dasmë (f)	[dásmə]
noivo (m)	dhëndër (m)	[ðéndər]
noiva (f)	nuse (f)	[núsɛ]

| convidar (vt) | ftoj | [ftoj] |
| convite (m) | ftesë (f) | [ftésə] |

convidado (m)	mysafir (m)	[mysafír]
visitar (vt)	vizitoj	[vizitój]
receber os convidados	takoj të ftuarit	[takój tə ftúarit]

presente (m)	dhuratë (f)	[ðurátə]
oferecer, dar (vt)	dhuroj	[ðurój]
receber presentes	marr dhurata	[mar ðuráta]
buquê (m) de flores	buqetë (f)	[bucétə]

| felicitações (f pl) | urime (f) | [urímɛ] |
| felicitar (vt) | përgëzoj | [pərgəzój] |

cartão (m) de parabéns	kartolinë (f)	[kartolínə]
enviar um cartão postal	dërgoj kartolinë	[dərgój kartolínə]
receber um cartão postal	marr kartolinë	[mar kartolínə]

brinde (m)	dolli (f)	[doɫí]
oferecer (vt)	qeras	[cɛrás]
champanhe (m)	shampanjë (f)	[ʃampáɲə]

divertir-se (vr)	kënaqem	[kənácɛm]
diversão (f)	gëzim (m)	[gəzím]
alegria (f)	gëzim (m)	[gəzím]

| dança (f) | vallëzim (m) | [vaɫəzím] |
| dançar (vi) | vallëzoj | [vaɫəzój] |

| valsa (f) | vals (m) | [vals] |
| tango (m) | tango (f) | [táŋo] |

110. Funerais. Enterro

cemitério (m)	varreza (f)	[varéza]
sepultura (f), túmulo (m)	varr (m)	[var]
cruz (f)	kryq (m)	[kryc]
lápide (f)	gur varri (m)	[gur vári]
cerca (f)	gardh (m)	[garð]
capela (f)	kishëz (m)	[kíʃəz]

morte (f)	vdekje (f)	[vdékjɛ]
morrer (vi)	vdes	[vdɛs]
defunto (m)	i vdekuri (m)	[i vdékuri]
luto (m)	zi (f)	[zi]

enterrar, sepultar (vt)	varros	[varós]
funerária (f)	agjenci funeralesh (f)	[aɟɛntsí funɛrálɛʃ]
funeral (m)	funeral (m)	[funɛrál]

coroa (f) de flores	kurorë (f)	[kurórə]
caixão (m)	arkivol (m)	[arkivól]
carro (m) funerário	makinë funebre (f)	[makínə funébrɛ]
mortalha (f)	qefin (m)	[cɛfín]

procissão (f) funerária	kortezh (m)	[kortéʒ]
urna (f) funerária	urnë (f)	[úrnə]
crematório (m)	kremator (m)	[krɛmatór]

obituário (m), necrologia (f)	përkujtim (m)	[pərkujtím]
chorar (vi)	qaj	[caj]
soluçar (vi)	qaj me dënesë	[caj mɛ dənésə]

111. Guerra. Soldados

pelotão (m)	togë (f)	[tógə]
companhia (f)	kompani (f)	[kompaní]
regimento (m)	regjiment (m)	[rɛɟimént]
exército (m)	ushtri (f)	[uʃtrí]
divisão (f)	divizion (m)	[divizión]

| esquadrão (m) | skuadër (f) | [skuádər] |
| hoste (f) | armatë (f) | [armátə] |

| soldado (m) | ushtar (m) | [uʃtár] |
| oficial (m) | oficer (m) | [ofitsér] |

soldado (m) raso	ushtar (m)	[uʃtár]
sargento (m)	rreshter (m)	[rɛʃtér]
tenente (m)	toger (m)	[togér]
capitão (m)	kapiten (m)	[kapitén]
major (m)	major (m)	[majór]
coronel (m)	kolonel (m)	[kolonél]
general (m)	gjeneral (m)	[ɟɛnɛrál]

marujo (m)	marinar (m)	[marinár]
capitão (m)	kapiten (m)	[kapitén]
contramestre (m)	kryemarinar (m)	[kryɛmarinár]
artilheiro (m)	artiljer (m)	[artiljér]
soldado (m) paraquedista	parashutist (m)	[paraʃutíst]
piloto (m)	pilot (m)	[pilót]
navegador (m)	navigues (m)	[navigúɛs]
mecânico (m)	mekanik (m)	[mɛkaník]

sapador-mineiro (m)	xhenier (m)	[dʒeniér]
paraquedista (m)	parashutist (m)	[paraʃutíst]
explorador (m)	agjent zbulimi (m)	[aɟént zbulími]
atirador (m) de tocaia	snajper (m)	[snajpér]

patrulha (f)	patrullë (f)	[patrúɫə]
patrulhar (vt)	patrulloj	[patruɫój]
sentinela (f)	rojë (f)	[rójə]
guerreiro (m)	luftëtar (m)	[luftətár]
patriota (m)	patriot (m)	[patriót]
herói (m)	hero (m)	[hɛró]
heroína (f)	heroinë (f)	[hɛroínə]

| traidor (m) | tradhtar (m) | [traðtár] |
| trair (vt) | tradhtoj | [traðtój] |

| desertor (m) | dezertues (m) | [dɛzɛrtúɛs] |
| desertar (vt) | dezertoj | [dɛzɛrtój] |

mercenário (m)	mercenar (m)	[mɛrtsɛnár]
recruta (m)	rekrut (m)	[rɛkrút]
voluntário (m)	vullnetar (m)	[vuɫnɛtár]

morto (m)	vdekur (m)	[vdékur]
ferido (m)	i plagosur (m)	[i plagósur]
prisioneiro (m) de guerra	rob lufte (m)	[rob lúftɛ]

112. Guerra. Ações militares. Parte 1

| guerra (f) | luftë (f) | [lúftə] |
| guerrear (vt) | në luftë | [nə lúftə] |

guerra (f) civil	luftë civile (f)	[lúftə tsivílɛ]
perfidamente	pabesisht	[pabɛsíʃt]
declaração (f) de guerra	shpallje lufte (f)	[ʃpáɫjɛ lúftɛ]
declarar guerra	shpall	[ʃpaɫ]
agressão (f)	agresion (m)	[agrɛsión]
atacar (vt)	sulmoj	[sulmój]
invadir (vt)	pushtoj	[puʃtój]
invasor (m)	pushtues (m)	[puʃtúɛs]
conquistador (m)	pushtues (m)	[puʃtúɛs]
defesa (f)	mbrojtje (f)	[mbrójtjɛ]
defender (vt)	mbroj	[mbrój]
defender-se (vr)	mbrohem	[mbróhɛm]
inimigo (m)	armik (m)	[armík]
adversário (m)	kundërshtar (m)	[kundərʃtár]
inimigo (adj)	armike	[armíkɛ]
estratégia (f)	strategji (f)	[stratɛɟí]
tática (f)	taktikë (f)	[taktíkə]
ordem (f)	urdhër (m)	[úrðər]
comando (m)	komandë (f)	[komándə]
ordenar (vt)	urdhëroj	[urðərój]
missão (f)	mision (m)	[misión]
secreto (adj)	sekret	[sɛkrét]
batalha (f)	betejë (f)	[bɛtéjə]
combate (m)	luftim (m)	[luftím]
ataque (m)	sulm (m)	[sulm]
assalto (m)	sulm (m)	[sulm]
assaltar (vt)	sulmoj	[sulmój]
assédio, sítio (m)	nën rrethim (m)	[nən rɛθím]
ofensiva (f)	sulm (m)	[sulm]
tomar à ofensiva	kaloj në sulm	[kalój nə súlm]
retirada (f)	tërheqje (f)	[tərhécjɛ]
retirar-se (vr)	tërhiqem	[tərhícɛm]
cerco (m)	rrethim (m)	[rɛθím]
cercar (vt)	rrethoj	[rɛθój]
bombardeio (m)	bombardim (m)	[bombardím]
lançar uma bomba	hedh bombë	[hɛð bómbə]
bombardear (vt)	bombardoj	[bombardój]
explosão (f)	shpërthim (m)	[ʃpərθím]
tiro (m)	e shtënë (f)	[ɛ ʃtǽnə]
dar um tiro	qëlloj	[cəɫój]
tiroteio (m)	të shtëna (pl)	[tə ʃtǽna]
apontar para ...	vë në shënjestër	[və nə ʃəɲéstər]
apontar (vt)	drejtoj armën	[drɛjtój ármən]

acertar (vt)	qëlloj	[cǝtój]
afundar (~ um navio, etc.)	fundos	[fundós]
brecha (f)	vrimë (f)	[vrímǝ]
afundar-se (vr)	fundoset	[fundósɛt]

frente (m)	front (m)	[front]
evacuação (f)	evakuim (m)	[ɛvakuím]
evacuar (vt)	evakuoj	[ɛvakuój]

trincheira (f)	llogore (f)	[togóɾɛ]
arame (m) enfarpado	tel me gjemba (m)	[tɛl mɛ ɟémba]
barreira (f) anti-tanque	pengesë (f)	[pɛɲésǝ]
torre (f) de vigia	kullë vrojtuese (f)	[kútǝ vrojtúɛsɛ]

hospital (m) militar	spital ushtarak (m)	[spitál uʃtarák]
ferir (vt)	plagos	[plagós]
ferida (f)	plagë (f)	[plágǝ]
ferido (m)	i plagosur (m)	[i plagósuɾ]
ficar ferido	jam i plagosur	[jam i plagósuɾ]
grave (ferida ~)	rëndë	[rǝ́ndǝ]

113. Guerra. Ações militares. Parte 2

cativeiro (m)	burgosje (f)	[burgósjɛ]
capturar (vt)	zë rob	[zǝ rob]
estar em cativeiro	mbahem rob	[mbáhɛm rób]
ser aprisionado	zihem rob	[zíhɛm rob]

campo (m) de concentração	kamp përqendrimi (m)	[kamp pǝrcɛndrími]
prisioneiro (m) de guerra	rob lufte (m)	[rob lúftɛ]
escapar (vi)	arratisem	[aratísɛm]

trair (vt)	tradhtoj	[traðtój]
traidor (m)	tradhtar (m)	[traðtár]
traição (f)	tradhti (f)	[traðtí]

fuzilar, executar (vt)	ekzekutoj	[ɛkzɛkutój]
fuzilamento (m)	ekzekutim (m)	[ɛkzɛkutím]

equipamento (m)	armatim (m)	[armatím]
insígnia (f) de ombro	spaletë (f)	[spalétǝ]
máscara (f) de gás	maskë antigaz (f)	[máskǝ antigáz]

rádio (m)	radiomarrëse (f)	[radiomárǝsɛ]
cifra (f), código (m)	kod sekret (m)	[kód sɛkrét]
conspiração (f)	komplot (m)	[komplót]
senha (f)	fjalëkalim (m)	[fjalǝkalím]

mina (f)	minë tokësore (f)	[mínǝ tokǝsóɾɛ]
minar (vt)	minoj	[minój]
campo (m) minado	fushë e minuar (f)	[fúʃǝ ɛ minúar]

alarme (m) aéreo	alarm sulmi ajror (m)	[alárm súlmi ajrór]
alarme (m)	alarm (m)	[alárm]

sinal (m)	sinjal (m)	[siɲál]
sinalizador (m)	sinjalizues (m)	[siɲalizúɛs]

quartel-general (m)	selia qendrore (f)	[sɛlía cɛndróɾɛ]
reconhecimento (m)	zbulim (m)	[zbulím]
situação (f)	gjendje (f)	[ɟéndjɛ]
relatório (m)	raport (m)	[rapórt]
emboscada (f)	pritë (f)	[prítə]
reforço (m)	përforcim (m)	[pərfortsím]

alvo (m)	shënjestër (f)	[ʃəɲéstər]
campo (m) de tiro	poligon (m)	[poligón]
manobras (f pl)	manovra ushtarake (f)	[manóvra uʃtarákɛ]

pânico (m)	panik (m)	[paník]
devastação (f)	shkatërrim (m)	[ʃkatərím]
ruínas (f pl)	gërmadha (pl)	[gərmáða]
destruir (vt)	shkatërroj	[ʃkatərój]

sobreviver (vi)	mbijetoj	[mbijɛtój]
desarmar (vt)	çarmatos	[tʃarmatós]
manusear (vt)	manovroj	[manovrój]

Sentido!	Gatitu!	[gatitú!]
Descansar!	Qetësohu!	[cɛtəsóhu!]

façanha (f)	akt heroik (m)	[ákt hɛroík]
juramento (m)	betim (m)	[bɛtím]
jurar (vi)	betohem	[bɛtóhɛm]

condecoração (f)	dekoratë (f)	[dɛkorátə]
condecorar (vt)	dekoroj	[dɛkorój]
medalha (f)	medalje (f)	[mɛdáljɛ]
ordem (f)	urdhër medalje (m)	[úrðər mɛdáljɛ]

vitória (f)	fitore (f)	[fitóɾɛ]
derrota (f)	humbje (f)	[húmbjɛ]
armistício (m)	armëpushim (m)	[arməpuʃím]

bandeira (f)	flamur beteje (m)	[flamúr bɛtéjɛ]
glória (f)	famë (f)	[fámə]
parada (f)	paradë (f)	[parádə]
marchar (vi)	marshoj	[marʃój]

114. Armas

arma (f)	armë (f)	[ármə]
arma (f) de fogo	armë zjarri (f)	[ármə zjári]
arma (f) branca	armë të ftohta (pl)	[ármə tə ftóhta]

arma (f) química	armë kimike (f)	[ármə kimíkɛ]
nuclear (adj)	nukleare	[nuklɛáɾɛ]
arma (f) nuclear	armë nukleare (f)	[ármə nuklɛáɾɛ]
bomba (f)	bombë (f)	[bómbə]

bomba (f) atômica	bombë atomike (f)	[bómbə atomíkɛ]
pistola (f)	pistoletë (f)	[pistolétə]
rifle (m)	pushkë (f)	[púʃkə]
semi-automática (f)	mitraloz (m)	[mitralóz]
metralhadora (f)	mitraloz (m)	[mitralóz]
boca (f)	grykë (f)	[grýkə]
cano (m)	tytë pushke (f)	[týtə púʃkɛ]
calibre (m)	kalibër (m)	[kalíbər]
gatilho (m)	këmbëz (f)	[kémbəz]
mira (f)	shënjestër (f)	[ʃəɲéstər]
carregador (m)	karikator (m)	[karikatór]
coronha (f)	qytë (f)	[cýtə]
granada (f) de mão	bombë dore (f)	[bómbə dórɛ]
explosivo (m)	eksploziv (m)	[ɛksplozív]
bala (f)	plumb (m)	[plúmb]
cartucho (m)	fishek (m)	[fiʃék]
carga (f)	karikim (m)	[karikím]
munições (f pl)	municion (m)	[munitsión]
bombardeiro (m)	avion bombardues (m)	[avión bombardúɛs]
avião (m) de caça	avion luftarak (m)	[avión luftarák]
helicóptero (m)	helikopter (m)	[hɛlikoptér]
canhão (m) antiaéreo	armë anti-ajrore (f)	[ármə ánti-ajrórɛ]
tanque (m)	tank (m)	[tank]
canhão (de um tanque)	top tanku (m)	[top tánku]
artilharia (f)	artileri (f)	[artilɛrí]
canhão (m)	top (m)	[top]
fazer a pontaria	vë në shënjestër	[və nə ʃəɲéstər]
projétil (m)	mortajë (f)	[mortájə]
granada (f) de morteiro	bombë mortaje (f)	[bómbə mortájɛ]
morteiro (m)	mortajë (f)	[mortájə]
estilhaço (m)	copëz mortaje (f)	[tsópəz mortájɛ]
submarino (m)	nëndetëse (f)	[nəndétəsɛ]
torpedo (m)	silurë (f)	[silúrə]
míssil (m)	raketë (f)	[rakétə]
carregar (uma arma)	mbush	[mbúʃ]
disparar, atirar (vi)	qëlloj	[cəɫój]
apontar para …	drejtoj	[drɛjtój]
baioneta (f)	bajonetë (f)	[bajonétə]
espada (f)	shpatë (f)	[ʃpátə]
sabre (m)	shpatë (f)	[ʃpátə]
lança (f)	shtizë (f)	[ʃtízə]
arco (m)	hark (m)	[hárk]
flecha (f)	shigjetë (f)	[ʃiɟétə]
mosquete (m)	musketë (f)	[muskétə]
besta (f)	pushkë-shigjetë (f)	[púʃkə-ʃiɟétə]

115. Povos da antiguidade

primitivo (adj)	prehistorik	[prɛhistorík]
pré-histórico (adj)	prehistorike	[prɛhistoríkɛ]
antigo (adj)	i lashtë	[i láʃtə]
Idade (f) da Pedra	Epoka e Gurit (f)	[ɛpóka ɛ gúrit]
Idade (f) do Bronze	Epoka e Bronzit (f)	[ɛpóka ɛ brónzit]
Era (f) do Gelo	Epoka e akullit (f)	[ɛpóka ɛ ákułit]
tribo (f)	klan (m)	[klan]
canibal (m)	kanibal (m)	[kanibál]
caçador (m)	gjahtar (m)	[ɟahtár]
caçar (vi)	dal për gjah	[dál pər ɟáh]
mamute (m)	mamut (m)	[mamút]
caverna (f)	shpellë (f)	[ʃpéłə]
fogo (m)	zjarr (m)	[zjar]
fogueira (f)	zjarr kampingu (m)	[zjar kampíŋu]
pintura (f) rupestre	vizatim në shpella (m)	[vizatím nə ʃpéła]
ferramenta (f)	vegël (f)	[végəl]
lança (f)	shtizë (f)	[ʃtízə]
machado (m) de pedra	sëpatë guri (f)	[səpátə gúri]
guerrear (vt)	në luftë	[nə lúftə]
domesticar (vt)	zbus	[zbus]
ídolo (m)	idhull (m)	[íðuł]
adorar, venerar (vt)	adhuroj	[aðurój]
superstição (f)	besëtytni (f)	[bɛsətytní]
ritual (m)	rit (m)	[rit]
evolução (f)	evolucion (m)	[ɛvolutsión]
desenvolvimento (m)	zhvillim (m)	[ʒviłím]
extinção (f)	zhdukje (f)	[ʒdúkjɛ]
adaptar-se (vr)	përshtatem	[pərʃtátɛm]
arqueologia (f)	arkeologji (f)	[arkɛoloɟí]
arqueólogo (m)	arkeolog (m)	[arkɛológ]
arqueológico (adj)	arkeologjike	[arkɛoloɟíkɛ]
escavação (sítio)	vendi i gërmimeve (m)	[véndi i gərmímɛvɛ]
escavações (f pl)	gërmime (pl)	[gərmímɛ]
achado (m)	zbulim (m)	[zbulím]
fragmento (m)	fragment (m)	[fragmént]

116. Idade média

povo (m)	popull (f)	[pópuł]
povos (m pl)	popuj (pl)	[pópuj]
tribo (f)	klan (m)	[klan]
tribos (f pl)	klane (pl)	[klánɛ]
bárbaros (pl)	barbarë (pl)	[barbárə]

galeses (pl)	Galët (pl)	[gálət]
godos (pl)	Gotët (pl)	[gótət]
eslavos (pl)	Sllavët (pl)	[sɬávət]
viquingues (pl)	Vikingët (pl)	[vikíŋət]

| romanos (pl) | Romakët (pl) | [romákət] |
| romano (adj) | romak | [romák] |

bizantinos (pl)	Bizantinët (pl)	[bizantínət]
Bizâncio	Bizanti (m)	[bizánti]
bizantino (adj)	bizantine	[bizantínɛ]

imperador (m)	perandor (m)	[pɛrandór]
líder (m)	prijës (m)	[príjəs]
poderoso (adj)	i fuqishëm	[i fucíʃəm]
rei (m)	mbret (m)	[mbrét]
governante (m)	sundimtar (m)	[sundimtár]

cavaleiro (m)	kalorës (m)	[kalórəs]
senhor feudal (m)	lord feudal (m)	[lórd fɛudál]
feudal (adj)	feudal	[fɛudál]
vassalo (m)	vasal (m)	[vasál]

duque (m)	dukë (f)	[dúkə]
conde (m)	kont (m)	[kont]
barão (m)	baron (m)	[barón]
bispo (m)	peshkop (m)	[pɛʃkóp]

armadura (f)	parzmore (f)	[parzmórɛ]
escudo (m)	mburojë (f)	[mburójə]
espada (f)	shpatë (f)	[ʃpátə]
viseira (f)	ballnik (m)	[baɬník]
cota (f) de malha	thurak (m)	[θurák]

| cruzada (f) | Kryqëzata (f) | [krycəzáta] |
| cruzado (m) | kryqtar (m) | [kryctár] |

território (m)	territor (m)	[tɛritór]
atacar (vt)	sulmoj	[sulmój]
conquistar (vt)	mposht	[mpóʃt]
ocupar, invadir (vt)	pushtoj	[puʃtój]

assédio, sítio (m)	nën rrethim (m)	[nən rɛθím]
sitiado (adj)	i rrethuar	[i rɛθúar]
assediar, sitiar (vt)	rrethoj	[rɛθój]

inquisição (f)	inkuizicion (m)	[inkuizitsión]
inquisidor (m)	inkuizitor (m)	[inkuizitór]
tortura (f)	torturë (f)	[tortúrə]
cruel (adj)	mizor	[mizór]
herege (m)	heretik (m)	[hɛrɛtík]
heresia (f)	herezi (f)	[hɛrɛzí]

navegação (f) marítima	lundrim (m)	[lundrím]
pirata (m)	pirat (m)	[pirát]
pirataria (f)	pirateri (f)	[piratɛrí]

abordagem (f)	sulm me anije (m)	[sulm mɛ aníjɛ]
presa (f), butim (m)	plaçkë (f)	[plátʃkə]
tesouros (m pl)	thesare (pl)	[θɛsárɛ]

descobrimento (m)	zbulim (m)	[zbulím]
descobrir (novas terras)	zbuloj	[zbulój]
expedição (f)	ekspeditë (f)	[ɛkspɛdítə]

mosqueteiro (m)	musketar (m)	[muskɛtár]
cardeal (m)	kardinal (m)	[kardinál]
heráldica (f)	heraldikë (f)	[hɛraldíkə]
heráldico (adj)	heraldik	[hɛraldík]

117. Líder. Chefe. Autoridades

rei (m)	mbret (m)	[mbrét]
rainha (f)	mbretëreshë (f)	[mbrɛtəréʃə]
real (adj)	mbretërore	[mbrɛtərórɛ]
reino (m)	mbretëri (f)	[mbrɛtərí]

| príncipe (m) | princ (m) | [prints] |
| princesa (f) | princeshë (f) | [printséʃə] |

presidente (m)	president (m)	[prɛsidént]
vice-presidente (m)	zëvendës president (m)	[zəvéndəs prɛsidént]
senador (m)	senator (m)	[sɛnatór]

monarca (m)	monark (m)	[monárk]
governante (m)	sundimtar (m)	[sundimtár]
ditador (m)	diktator (m)	[diktatór]
tirano (m)	tiran (m)	[tirán]
magnata (m)	manjat (m)	[maɲát]

diretor (m)	drejtor (m)	[drɛjtór]
chefe (m)	udhëheqës (m)	[uðəhécəs]
gerente (m)	drejtor (m)	[drɛjtór]
patrão (m)	bos (m)	[bos]
dono (m)	pronar (m)	[pronár]

líder (m)	lider (m)	[lidér]
chefe (m)	kryetar (m)	[kryɛtár]
autoridades (f pl)	autoritetet (pl)	[autoritétɛt]
superiores (m pl)	eprorët (pl)	[ɛprórət]

governador (m)	guvernator (m)	[guvɛrnatór]
cônsul (m)	konsull (m)	[kónsuɫ]
diplomata (m)	diplomat (m)	[diplomát]
Presidente (m) da Câmara	kryetar komune (m)	[kryɛtár komúnɛ]
xerife (m)	sherif (m)	[ʃɛríf]

imperador (m)	perandor (m)	[pɛrandór]
czar (m)	car (m)	[tsár]
faraó (m)	faraon (m)	[faraón]
cã, khan (m)	khan (m)	[khán]

118. Violação da lei. Criminosos. Parte 1

bandido (m)	**bandit** (m)	[bandít]
crime (m)	**krim** (m)	[krim]
criminoso (m)	**kriminel** (m)	[kriminél]
ladrão (m)	**hajdut** (m)	[hajdút]
roubar (vt)	**vjedh**	[vjɛð]
furto, roubo (m)	**vjedhje** (f)	[vjéðjɛ]
raptar, sequestrar (vt)	**rrëmbej**	[rəmbéj]
sequestro (m)	**rrëmbim** (m)	[rəmbím]
sequestrador (m)	**rrëmbyes** (m)	[rəmbýɛs]
resgate (m)	**shpërblesë** (f)	[ʃpərblésə]
pedir resgate	**kërkoj shpërblesë**	[kərkój ʃpərblésə]
roubar (vt)	**grabis**	[grabís]
assalto, roubo (m)	**grabitje** (f)	[grabítjɛ]
assaltante (m)	**grabitës** (m)	[grabítəs]
extorquir (vt)	**zhvat**	[ʒvat]
extorsionário (m)	**zhvatës** (m)	[ʒvátəs]
extorsão (f)	**zhvatje** (f)	[ʒvátjɛ]
matar, assassinar (vt)	**vras**	[vras]
homicídio (m)	**vrasje** (f)	[vrásjɛ]
homicida, assassino (m)	**vrasës** (m)	[vrásəs]
tiro (m)	**e shtënë** (f)	[ɛ ʃténə]
dar um tiro	**qëlloj**	[cəɫój]
matar a tiro	**qëlloj për vdekje**	[cəɫój pər vdékjɛ]
disparar, atirar (vi)	**qëlloj**	[cəɫój]
tiroteio (m)	**të shtëna** (pl)	[tə ʃténa]
incidente (m)	**incident** (m)	[intsidént]
briga (~ de rua)	**përleshje** (f)	[pərléʃjɛ]
Socorro!	**Ndihmë!**	[ndíhmə!]
vítima (f)	**viktimë** (f)	[viktímə]
danificar (vt)	**dëmtoj**	[dəmtój]
dano (m)	**dëm** (m)	[dəm]
cadáver (m)	**kufomë** (f)	[kufómə]
grave (adj)	**i rëndë**	[i róndə]
atacar (vt)	**sulmoj**	[sulmój]
bater (espancar)	**rrah**	[rah]
espancar (vt)	**sakatoj**	[sakatój]
tirar, roubar (dinheiro)	**rrëmbej**	[rəmbéj]
esfaquear (vt)	**ther për vdekje**	[θɛr pər vdékjɛ]
mutilar (vt)	**gjymtoj**	[ɟymtój]
ferir (vt)	**plagos**	[plagós]
chantagem (f)	**shantazh** (m)	[ʃantáʒ]
chantagear (vt)	**bëj shantazh**	[bəj ʃantáʒ]

chantagista (m)	shantazhist (m)	[ʃantaʒíst]
extorsão (f)	rrjet mashtrimi (m)	[rjét maʃtrími]
extorsionário (m)	mashtrues (m)	[maʃtrúɛs]
gângster (m)	gangster (m)	[gaŋstér]
máfia (f)	mafia (f)	[máfia]

punguista (m)	vjedhës xhepash (m)	[vjéðəs dʒépaʃ]
assaltante, ladrão (m)	hajdut (m)	[hajdút]
contrabando (m)	trafikim (m)	[trafikím]
contrabandista (m)	trafikues (m)	[trafikúɛs]

falsificação (f)	falsifikim (m)	[falsifikím]
falsificar (vt)	falsifikoj	[falsifikój]
falsificado (adj)	fals	[fáls]

119. Violação da lei. Criminosos. Parte 2

estupro (m)	përdhunim (m)	[pərðuním]
estuprar (vt)	përdhunoj	[pərðunój]
estuprador (m)	përdhunues (m)	[pərðunúɛs]
maníaco (m)	maniak (m)	[maniák]

prostituta (f)	prostitutë (f)	[prostitútə]
prostituição (f)	prostitucion (m)	[prostitutsión]
cafetão (m)	tutor (m)	[tutór]

| drogado (m) | narkoman (m) | [narkomán] |
| traficante (m) | trafikant droge (m) | [trafikánt drógɛ] |

explodir (vt)	shpërthej	[ʃpərθéj]
explosão (f)	shpërthim (m)	[ʃpərθím]
incendiar (vt)	vë flakën	[və flákən]
incendiário (m)	zjarrvënës (m)	[zjarvénəs]

terrorismo (m)	terrorizëm (m)	[tɛrorízəm]
terrorista (m)	terrorist (m)	[tɛroríst]
refém (m)	peng (m)	[pɛŋ]

enganar (vt)	mashtroj	[maʃtrój]
engano (m)	mashtrim (m)	[maʃtrím]
vigarista (m)	mashtrues (m)	[maʃtrúɛs]

subornar (vt)	jap ryshfet	[jap ryʃfét]
suborno (atividade)	ryshfet (m)	[ryʃfét]
suborno (dinheiro)	ryshfet (m)	[ryʃfét]

veneno (m)	helm (m)	[hɛlm]
envenenar (vt)	helmoj	[hɛlmój]
envenenar-se (vr)	helmohem	[hɛlmóhɛm]

suicídio (m)	vetëvrasje (f)	[vɛtəvrásjɛ]
suicida (m)	vetëvrasës (m)	[vɛtəvrásəs]
ameaçar (vt)	kërcënoj	[kərtsənój]
ameaça (f)	kërcënim (m)	[kərtsəním]

atentar contra a vida de …	tentoj	[tɛntój]
atentado (m)	atentat (m)	[atɛntát]

roubar (um carro)	vjedh	[vjɛð]
sequestrar (um avião)	rrëmbej	[rəmbéj]

vingança (f)	hakmarrje (f)	[hakmárjɛ]
vingar (vt)	hakmerrem	[hakmérɛm]

torturar (vt)	torturoj	[torturój]
tortura (f)	torturë (f)	[tortúrə]
atormentar (vt)	torturoj	[torturój]

pirata (m)	pirat (m)	[pirát]
desordeiro (m)	huligan (m)	[huligán]
armado (adj)	i armatosur	[i armatósur]
violência (f)	dhunë (f)	[ðúnə]
ilegal (adj)	ilegal	[ilɛgál]

espionagem (f)	spiunazh (m)	[spiunáʒ]
espionar (vi)	spiunoj	[spiunój]

120. Polícia. Lei. Parte 1

justiça (sistema de ~)	drejtësi (f)	[drɛjtəsí]
tribunal (m)	gjykatë (f)	[ɟykátə]

juiz (m)	gjykatës (m)	[ɟykátəs]
jurados (m pl)	anëtar jurie (m)	[anətár juríɛ]
tribunal (m) do júri	gjyq me juri (m)	[ɟýc mɛ jurí]
julgar (vt)	gjykoj	[ɟykój]

advogado (m)	avokat (m)	[avokát]
réu (m)	pandehur (m)	[pandéhur]
banco (m) dos réus	bankë e të pandehurit (f)	[bánkə ɛ tə pandéhurit]

acusação (f)	akuzë (f)	[akúzə]
acusado (m)	i akuzuar (m)	[i akuzúar]

sentença (f)	vendim (m)	[vɛndím]
sentenciar (vt)	dënoj	[dənój]

culpado (m)	fajtor (m)	[fajtór]
punir (vt)	ndëshkoj	[ndəʃkój]
punição (f)	ndëshkim (m)	[ndəʃkím]

multa (f)	gjobë (f)	[ɟóbə]
prisão (f) perpétua	burgim i përjetshëm (m)	[burgím i pərjétʃəm]
pena (f) de morte	dënim me vdekje (m)	[dəním mɛ vdékjɛ]
cadeira (f) elétrica	karrige elektrike (f)	[karígɛ ɛlɛktríkɛ]
forca (f)	varje (f)	[várjɛ]

executar (vt)	ekzekutoj	[ɛkzɛkutój]
execução (f)	ekzekutim (m)	[ɛkzɛkutím]

| prisão (f) | burg (m) | [búrg] |
| cela (f) de prisão | qeli (f) | [cɛlí] |

escolta (f)	eskortë (f)	[ɛskórtə]
guarda (m) prisional	gardian burgu (m)	[gardián búrgu]
preso, prisioneiro (m)	i burgosur (m)	[i burgósuɾ]

| algemas (f pl) | pranga (f) | [práŋa] |
| algemar (vt) | vë prangat | [və práŋat] |

fuga, evasão (f)	arratisje nga burgu (f)	[aratísjɛ ŋa búrgu]
fugir (vi)	arratisem	[aratísɛm]
desaparecer (vi)	zhduk	[ʒduk]
soltar, libertar (vt)	dal nga burgu	[dál ŋa búrgu]
anistia (f)	amnisti (f)	[amnistí]

polícia (instituição)	polici (f)	[politsí]
polícia (m)	polic (m)	[políts]
delegacia (f) de polícia	komisariat (m)	[komisariát]
cassetete (m)	shkop gome (m)	[ʃkop gómɛ]
megafone (m)	altoparlant (m)	[altoparlánt]

carro (m) de patrulha	makinë patrullimi (f)	[makínə patruɫími]
sirene (f)	alarm (m)	[alárm]
ligar a sirene	ndez sirenën	[ndɛz sirénən]
toque (m) da sirene	zhurmë alarmi (f)	[ʒúrmə alármi]

cena (f) do crime	skenë krimi (f)	[skénə krími]
testemunha (f)	dëshmitar (m)	[dəʃmitár]
liberdade (f)	liri (f)	[lirí]
cúmplice (m)	bashkëpunëtor (m)	[baʃkəpunətór]
escapar (vi)	zhdukem	[ʒdúkɛm]
traço (não deixar ~s)	gjurmë (f)	[ɟúrmə]

121. Polícia. Lei. Parte 2

procura (f)	kërkim (m)	[kərkím]
procurar (vt)	kërkoj ...	[kərkój ...]
suspeita (f)	dyshim (m)	[dyʃím]
suspeito (adj)	i dyshuar	[i dyʃúaɾ]
parar (veículo, etc.)	ndaloj	[ndalój]
deter (fazer parar)	mbaj të ndaluar	[mbáj tə ndalúaɾ]

caso (~ criminal)	padi (f)	[padí]
investigação (f)	hetim (m)	[hɛtím]
detetive (m)	detektiv (m)	[dɛtɛktív]
investigador (m)	hetues (m)	[hɛtúɛs]
versão (f)	hipotezë (f)	[hipotézə]

motivo (m)	motiv (m)	[motív]
interrogatório (m)	marrje në pyetje (f)	[márjɛ nə pýɛtjɛ]
interrogar (vt)	marr në pyetje	[mar nə pýɛtjɛ]
questionar (vt)	pyes	[pýɛs]
verificação (f)	verifikim (m)	[vɛrifikím]

batida (f) policial	kontroll në grup (m)	[kontróɫ nə grúp]
busca (f)	bastisje (f)	[bastísjɛ]
perseguição (f)	ndjekje (f)	[ndjékjɛ]
perseguir (vt)	ndjek	[ndjék]
seguir, rastrear (vt)	ndjek	[ndjék]

prisão (f)	arrestim (m)	[arɛstím]
prender (vt)	arrestoj	[arɛstój]
pegar, capturar (vt)	kap	[kap]
captura (f)	kapje (f)	[kápjɛ]

documento (m)	dokument (m)	[dokumént]
prova (f)	provë (f)	[próvə]
provar (vt)	dëshmoj	[dəʃmój]
pegada (f)	gjurmë (f)	[ɟúrmə]
impressões (f pl) digitais	shenja gishtash (pl)	[ʃéɲa gíʃtaʃ]
prova (f)	provë (f)	[próvə]

álibi (m)	alibi (f)	[alibí]
inocente (adj)	i pafajshëm	[i pafájʃəm]
injustiça (f)	padrejtësi (f)	[padrɛjtəsí]
injusto (adj)	i padrejtë	[i padréjtə]

criminal (adj)	kriminale	[kriminálɛ]
confiscar (vt)	konfiskoj	[konfiskój]
droga (f)	drogë (f)	[drógə]
arma (f)	armë (f)	[ármə]
desarmar (vt)	çarmatos	[tʃarmatós]
ordenar (vt)	urdhëroj	[urðərój]
desaparecer (vi)	zhduk	[ʒduk]

lei (f)	ligj (m)	[liɟ]
legal (adj)	ligjor	[liɟór]
ilegal (adj)	i paligjshëm	[i palíɟʃəm]

responsabilidade (f)	përgjegjësi (f)	[pərɟɛɟəsí]
responsável (adj)	përgjegjës	[pərɟéɟəs]

NATUREZA

A Terra. Parte 1

122. Espaço sideral

espaço, cosmo (m)	hapësirë (f)	[hapəsírə]
espacial, cósmico (adj)	hapësinor	[hapəsinór]
espaço (m) cósmico	kozmos (m)	[kozmós]
mundo (m)	botë (f)	[bótə]
universo (m)	univers	[univérs]
galáxia (f)	galaksi (f)	[galaksí]
estrela (f)	yll (m)	[yɫ]
constelação (f)	yllësi (f)	[yɫəsí]
planeta (m)	planet (m)	[planét]
satélite (m)	satelit (m)	[satɛlít]
meteorito (m)	meteor (m)	[mɛtɛór]
cometa (m)	kometë (f)	[kométə]
asteroide (m)	asteroid (m)	[astɛroíd]
órbita (f)	orbitë (f)	[orbítə]
girar (vi)	rrotullohet	[rotuɫóhɛt]
atmosfera (f)	atmosferë (f)	[atmosférə]
Sol (m)	Dielli (m)	[diéɫi]
Sistema (m) Solar	sistemi diellor (m)	[sistémi diɛɫór]
eclipse (m) solar	eklips diellor (m)	[ɛklíps diɛɫór]
Terra (f)	Toka (f)	[tóka]
Lua (f)	Hëna (f)	[hə́na]
Marte (m)	Marsi (m)	[mársi]
Vênus (f)	Venera (f)	[vɛnéra]
Júpiter (m)	Jupiteri (m)	[jupitéri]
Saturno (m)	Saturni (m)	[satúrni]
Mercúrio (m)	Merkuri (m)	[mɛrkúri]
Urano (m)	Urani (m)	[uráni]
Netuno (m)	Neptuni (m)	[nɛptúni]
Plutão (m)	Pluto (f)	[plúto]
Via Láctea (f)	Rruga e Qumështit (f)	[rúga ɛ cúməʃtit]
Ursa Maior (f)	Arusha e Madhe (f)	[arúʃa ɛ máðɛ]
Estrela Polar (f)	ylli i Veriut (m)	[ýɫi i vériut]
marciano (m)	Marsian (m)	[marsián]
extraterrestre (m)	jashtëtokësor (m)	[jaʃtətokəsór]

alienígena (m)	alien (m)	[alién]
disco (m) voador	disk fluturues (m)	[dísk fluturúɛs]
espaçonave (f)	anije kozmike (f)	[aníjɛ kozmíkɛ]
estação (f) orbital	stacion kozmik (m)	[statsión kozmík]
lançamento (m)	ngritje (f)	[ŋrítjɛ]
motor (m)	motor (m)	[motór]
bocal (m)	dizë (f)	[dízə]
combustível (m)	karburant (m)	[karburánt]
cabine (f)	kabinë pilotimi (f)	[kabínə pilotími]
antena (f)	antenë (f)	[anténə]
vigia (f)	dritare anësore (f)	[dritárɛ anəsórɛ]
bateria (f) solar	panel solar (m)	[panél solár]
traje (m) espacial	veshje astronauti (f)	[véʃjɛ astronáuti]
imponderabilidade (f)	mungesë graviteti (f)	[muŋésə gravitéti]
oxigênio (m)	oksigjen (m)	[oksiɟén]
acoplagem (f)	ndërlidhje në hapësirë (f)	[ndərlíðjɛ nə hapəsírə]
fazer uma acoplagem	stacionohem	[statsionóhɛm]
observatório (m)	observator (m)	[obsɛrvatór]
telescópio (m)	teleskop (m)	[tɛlɛskóp]
observar (vt)	vëzhgoj	[vəʒgój]
explorar (vt)	eksploroj	[ɛksplorój]

123. A Terra

Terra (f)	Toka (f)	[tóka]
globo terrestre (Terra)	globi (f)	[glóbi]
planeta (m)	planet (m)	[planét]
atmosfera (f)	atmosferë (f)	[atmosférə]
geografia (f)	gjeografi (f)	[ɟɛografí]
natureza (f)	natyrë (f)	[natýrə]
globo (mapa esférico)	glob (m)	[glob]
mapa (m)	hartë (f)	[hártə]
atlas (m)	atlas (m)	[atlás]
Europa (f)	Evropa (f)	[ɛvrópa]
Ásia (f)	Azia (f)	[azía]
África (f)	Afrika (f)	[afríka]
Austrália (f)	Australia (f)	[australía]
América (f)	Amerika (f)	[amɛríka]
América (f) do Norte	Amerika Veriore (f)	[amɛríka vɛriórɛ]
América (f) do Sul	Amerika Jugore (f)	[amɛríka jugórɛ]
Antártida (f)	Antarktika (f)	[antarktíka]
Ártico (m)	Arktiku (m)	[arktíku]

124. Pontos cardeais

norte (m)	veri (m)	[vɛrí]
para norte	drejt veriut	[dréjt vériut]
no norte	në veri	[nə vɛrí]
do norte (adj)	verior	[vɛriór]
sul (m)	jug (m)	[jug]
para sul	drejt jugut	[dréjt júgut]
no sul	në jug	[nə jug]
do sul (adj)	jugor	[jugór]
oeste, ocidente (m)	perëndim (m)	[pɛrəndím]
para oeste	drejt perëndimit	[dréjt pɛrəndímit]
no oeste	në perëndim	[nə pɛrəndím]
ocidental (adj)	perëndimor	[pɛrəndimór]
leste, oriente (m)	lindje (f)	[líndjɛ]
para leste	drejt lindjes	[dréjt líndjɛs]
no leste	në lindje	[nə líndjɛ]
oriental (adj)	lindor	[lindór]

125. Mar. Oceano

mar (m)	det (m)	[dét]
oceano (m)	oqean (m)	[ocɛán]
golfo (m)	gji (m)	[ɟi]
estreito (m)	ngushticë (f)	[ŋuʃtítsə]
terra (f) firme	tokë (f)	[tókə]
continente (m)	kontinent (m)	[kontinént]
ilha (f)	ishull (m)	[íʃuɫ]
península (f)	gadishull (m)	[gadíʃuɫ]
arquipélago (m)	arkipelag (m)	[arkipɛlág]
baía (f)	gji (m)	[ɟi]
porto (m)	port (m)	[port]
lagoa (f)	lagunë (f)	[lagúnə]
cabo (m)	kep (m)	[kɛp]
atol (m)	atol (m)	[atól]
recife (m)	shkëmb nënujor (m)	[ʃkəmb nənujór]
coral (m)	koral (m)	[korál]
recife (m) de coral	korale nënujorë (f)	[korálɛ nənujórə]
profundo (adj)	i thellë	[i θéɫə]
profundidade (f)	thellësi (f)	[θɛɫəsí]
abismo (m)	humnerë (f)	[humnérə]
fossa (f) oceânica	hendek (m)	[hɛndék]
corrente (f)	rrymë (f)	[rýmə]
banhar (vt)	rrethohet	[rɛθóhɛt]

litoral (m)	breg (m)	[brɛg]
costa (f)	bregdet (m)	[brɛgdét]
maré (f) alta	batica (f)	[batítsa]
refluxo (m)	zbaticë (f)	[zbatítsə]
restinga (f)	cekëtinë (f)	[tsɛkətínə]
fundo (m)	fund i detit (m)	[fúnd i détit]
onda (f)	dallgë (f)	[dáɫgə]
crista (f) da onda	kreshtë (f)	[kréʃtə]
espuma (f)	shkumë (f)	[ʃkúmə]
tempestade (f)	stuhi (f)	[stuhí]
furacão (m)	uragan (m)	[uragán]
tsunami (m)	cunam (m)	[tsunám]
calmaria (f)	qetësi (f)	[cɛtəsí]
calmo (adj)	i qetë	[i cétə]
polo (m)	pol (m)	[pol]
polar (adj)	polar	[polár]
latitude (f)	gjerësi (f)	[ɟɛrəsí]
longitude (f)	gjatësi (f)	[ɟatəsí]
paralela (f)	paralele (f)	[paralélɛ]
equador (m)	ekuator (m)	[ɛkuatór]
céu (m)	qiell (m)	[cíɛɫ]
horizonte (m)	horizont (m)	[horizónt]
ar (m)	ajër (m)	[ájər]
farol (m)	fanar (m)	[fanár]
mergulhar (vi)	zhytem	[ʒýtɛm]
afundar-se (vr)	fundosje	[fundósjɛ]
tesouros (m pl)	thesare (pl)	[θɛsárɛ]

126. Nomes de Mares e Oceanos

Oceano (m) Atlântico	Oqeani Atlantik (m)	[ocɛáni atlantík]
Oceano (m) Índico	Oqeani Indian (m)	[ocɛáni indián]
Oceano (m) Pacífico	Oqeani Paqësor (m)	[ocɛáni pacəsór]
Oceano (m) Ártico	Oqeani Arktik (m)	[ocɛáni arktík]
Mar (m) Negro	Deti i Zi (m)	[déti i zí]
Mar (m) Vermelho	Deti i Kuq (m)	[déti i kúc]
Mar (m) Amarelo	Deti i Verdhë (m)	[déti i vérðə]
Mar (m) Branco	Deti i Bardhë (m)	[déti i bárðə]
Mar (m) Cáspio	Deti Kaspik (m)	[déti kaspík]
Mar (m) Morto	Deti i Vdekur (m)	[déti i vdékur]
Mar (m) Mediterrâneo	Deti Mesdhe (m)	[déti mɛsðé]
Mar (m) Egeu	Deti Egje (m)	[déti ɛɟé]
Mar (m) Adriático	Deti Adriatik (m)	[déti adriatík]
Mar (m) Arábico	Deti Arab (m)	[déti aráb]

Mar (m) do Japão	Deti i Japonisë (m)	[déti i japonísə]
Mar (m) de Bering	Deti Bering (m)	[déti bériŋ]
Mar (m) da China Meridional	Deti i Kinës Jugore (m)	[déti i kínəs jugórɛ]
Mar (m) de Coral	Deti Koral (m)	[déti korál]
Mar (m) de Tasman	Deti Tasman (m)	[déti tasmán]
Mar (m) do Caribe	Deti i Karaibeve (m)	[déti i karaíbɛvɛ]
Mar (m) de Barents	Deti Barents (m)	[déti barénts]
Mar (m) de Kara	Deti Kara (m)	[déti kára]
Mar (m) do Norte	Deti i Veriut (m)	[déti i vériut]
Mar (m) Báltico	Deti Baltik (m)	[déti baltík]
Mar (m) da Noruega	Deti Norvegjez (m)	[déti norvɛɟéz]

127. Montanhas

montanha (f)	mal (m)	[mal]
cordilheira (f)	vargmal (m)	[vargmál]
serra (f)	kresht malor (m)	[kréʃt malór]
cume (m)	majë (f)	[májə]
pico (m)	maja më e lartë (f)	[mája mə ɛ lártə]
pé (m)	rrëza e malit (f)	[rəza ɛ málit]
declive (m)	shpat (m)	[ʃpat]
vulcão (m)	vullkan (m)	[vuɫkán]
vulcão (m) ativo	vullkan aktiv (m)	[vuɫkán aktív]
vulcão (m) extinto	vullkan i fjetur (m)	[vuɫkán i fjétur]
erupção (f)	shpërthim (m)	[ʃpərθím]
cratera (f)	krater (m)	[kratér]
magma (m)	magmë (f)	[mágmə]
lava (f)	llavë (f)	[ɫávə]
fundido (lava ~a)	i shkrirë	[i ʃkrírə]
cânion, desfiladeiro (m)	kanion (m)	[kanión]
garganta (f)	grykë (f)	[grýkə]
fenda (f)	çarje (f)	[tʃárjɛ]
precipício (m)	humnerë (f)	[humnérə]
passo, colo (m)	kalim (m)	[kalím]
planalto (m)	pllajë (f)	[pɫájə]
falésia (f)	shkëmb (m)	[ʃkəmb]
colina (f)	kodër (f)	[kódər]
geleira (f)	akullnajë (f)	[akuɫnájə]
cachoeira (f)	ujëvarë (f)	[ujəvárə]
gêiser (m)	gejzer (m)	[gɛjzér]
lago (m)	liqen (m)	[licén]
planície (f)	fushë (f)	[fúʃə]
paisagem (f)	peizazh (m)	[pɛizáʒ]
eco (m)	jehonë (f)	[jɛhónə]

alpinista (m)	alpinist (m)	[alpiníst]
escalador (m)	alpinist shkëmbßinjsh (m)	[alpiníst ʃkəmbiɲʃ]
conquistar (vt)	pushtoj majën	[puʃtój májən]
subida, escalada (f)	ngjitje (f)	[ɲítjɛ]

128. Nomes de montanhas

Alpes (m pl)	Alpet (pl)	[alpét]
Monte Branco (m)	Montblanc (m)	[montblánk]
Pirineus (m pl)	Pirenejet (pl)	[pirɛnéjɛt]

Cárpatos (m pl)	Karpatet (m)	[karpátɛt]
Urais (m pl)	Malet Urale (pl)	[málɛt urálɛ]
Cáucaso (m)	Malet Kaukaze (pl)	[málɛt kaukázɛ]
Elbrus (m)	Mali Elbrus (m)	[máli ɛlbrús]

Altai (m)	Malet Altai (pl)	[málɛt altái]
Tian Shan (m)	Tian Shani (m)	[tían ʃáni]
Pamir (m)	Malet e Pamirit (m)	[málɛt ɛ pamírit]
Himalaia (m)	Himalajet (pl)	[himalájɛt]
monte Everest (m)	Mali Everest (m)	[máli ɛvɛrést]

| Cordilheira (f) dos Andes | andet (pl) | [ándɛt] |
| Kilimanjaro (m) | Mali Kilimanxharo (m) | [máli kilimandʒáro] |

129. Rios

rio (m)	lum (m)	[lum]
fonte, nascente (f)	burim (m)	[burím]
leito (m) de rio	shtrat lumi (m)	[ʃtrat lúmi]
bacia (f)	basen (m)	[basén]
desaguar no ...	rrjedh ...	[rjéð ...]

| afluente (m) | derdhje (f) | [dérðjɛ] |
| margem (do rio) | breg (m) | [brɛg] |

corrente (f)	rrymë (f)	[rýmə]
rio abaixo	rrjedhje e poshtme	[rjéðjɛ ɛ póʃtmɛ]
rio acima	rrjedhje e sipërme	[rjéðjɛ ɛ sípərmɛ]

inundação (f)	vërshim (m)	[vərʃím]
cheia (f)	përmbytje (f)	[pərmbýtjɛ]
transbordar (vi)	vërshon	[vərʃón]
inundar (vt)	përmbytet	[pərmbýtɛt]

| banco (m) de areia | cekëtinë (f) | [tsɛkətínə] |
| corredeira (f) | rrjedhë (f) | [rjéðə] |

barragem (f)	digë (f)	[dígə]
canal (m)	kanal (m)	[kanál]
reservatório (m) de água	rezervuar (m)	[rɛzɛrvuár]
eclusa (f)	pendë ujore (f)	[péndə ujórɛ]

corpo (m) de água	plan hidrik (m)	[plan hidrík]
pântano (m)	kënetë (f)	[kənétə]
lamaçal (m)	moçal (m)	[motʃ ál]
redemoinho (m)	vorbull (f)	[vórbuɫ]
riacho (m)	përrua (f)	[pərúa]
potável (adj)	i pijshëm	[i píʃʃəm]
doce (água)	i freskët	[i fréskət]
gelo (m)	akull (m)	[ákuɫ]
congelar-se (vr)	ngrihet	[ŋríhɛt]

130. Nomes de rios

rio Sena (m)	Sena (f)	[séna]
rio Loire (m)	Loire (f)	[luaɾ]
rio Tâmisa (m)	Temza (f)	[témza]
rio Reno (m)	Rajnë (m)	[rájnə]
rio Danúbio (m)	Danubi (m)	[danúbi]
rio Volga (m)	Volga (f)	[vólga]
rio Don (m)	Doni (m)	[dóni]
rio Lena (m)	Lena (f)	[léna]
rio Amarelo (m)	Lumi i Verdhë (m)	[lúmi i vérðə]
rio Yangtzé (m)	Jangce (f)	[jaŋtsé]
rio Mekong (m)	Mekong (m)	[mɛkóŋ]
rio Ganges (m)	Gang (m)	[gaŋ]
rio Nilo (m)	Lumi Nil (m)	[lúmi nil]
rio Congo (m)	Lumi Kongo (m)	[lúmi kóŋo]
rio Cubango (m)	Lumi Okavango (m)	[lúmi okaváŋo]
rio Zambeze (m)	Lumi Zambezi (m)	[lúmi zambézi]
rio Limpopo (m)	Lumi Limpopo (m)	[lúmi limpópo]
rio Mississippi (m)	Lumi Misisipi (m)	[lúmi misisípi]

131. Floresta

floresta (f), bosque (m)	pyll (m)	[pyɫ]
florestal (adj)	pyjor	[pyjór]
mata (f) fechada	pyll i ngjeshur (m)	[pyɫ i ɲéʃur]
arvoredo (m)	zabel (m)	[zabél]
clareira (f)	lëndinë (f)	[ləndínə]
matagal (m)	pyllëz (m)	[pýɫəz]
mato (m), caatinga (f)	shkurre (f)	[ʃkúrɛ]
pequena trilha (f)	shteg (m)	[ʃtɛg]
ravina (f)	hon (m)	[hon]
árvore (f)	pemë (f)	[pémə]

125

| folha (f) | gjeth (m) | [ɟεθ] |
| folhagem (f) | gjethe (pl) | [ɟéθε] |

queda (f) das folhas	rënie e gjetheve (f)	[rəníε ɟ ɟéθεvε]
cair (vi)	bien	[bíεn]
topo (m)	maje (f)	[májε]

ramo (m)	degë (f)	[dégə]
galho (m)	degë (f)	[dégə]
botão (m)	syth (m)	[syθ]
agulha (f)	shtiza pishe (f)	[ʃtíza píʃε]
pinha (f)	lule pishe (f)	[lúlε píʃε]

buraco (m) de árvore	zgavër (f)	[zgávər]
ninho (m)	fole (f)	[folé]
toca (f)	strofull (f)	[strófuł]

tronco (m)	trung (m)	[truŋ]
raiz (f)	rrënjë (f)	[réɲə]
casca (f) de árvore	lëvore (f)	[ləvórε]
musgo (m)	myshk (m)	[myʃk]

arrancar pela raiz	shkul	[ʃkul]
cortar (vt)	pres	[prεs]
desflorestar (vt)	shpyllëzoj	[ʃpyłəzój]
toco, cepo (m)	cung (m)	[tsúŋ]

fogueira (f)	zjarr kampingu (m)	[zjar kampíŋu]
incêndio (m) florestal	zjarr në pyll (m)	[zjar nə pył]
apagar (vt)	shuaj	[ʃúaj]

guarda-parque (m)	roje pyjore (f)	[rójε pyjórε]
proteção (f)	mbrojtje (f)	[mbrójtjε]
proteger (a natureza)	mbroj	[mbrój]
caçador (m) furtivo	gjahtar i jashtëligjshëm (m)	[ɟahtár i jaʃtəlíɟʃəm]
armadilha (f)	grackë (f)	[grátskə]

| colher (cogumelos, bagas) | mbledh | [mbléð] |
| perder-se (vr) | humb rrugën | [húmb rúgən] |

132. Recursos naturais

recursos (m pl) naturais	burime natyrore (pl)	[burímε natyrórε]
minerais (m pl)	minerale (pl)	[minεrálε]
depósitos (m pl)	depozita (pl)	[dεpozíta]
jazida (f)	fushë (f)	[fúʃə]

extrair (vt)	nxjerr	[ndzjér]
extração (f)	nxjerrje mineralesh (f)	[ndzjérjε minεrálεʃ]
minério (m)	xehe (f)	[dzéhε]
mina (f)	minierë (f)	[miniérə]
poço (m) de mina	nivel (m)	[nivél]
mineiro (m)	minator (m)	[minatór]
gás (m)	gaz (m)	[gaz]

gasoduto (m)	gazsjellës (m)	[gazsjéɫəs]
petróleo (m)	naftë (f)	[náftə]
oleoduto (m)	naftësjellës (f)	[naftəsjéɫəs]
poço (m) de petróleo	pus nafte (m)	[pus náftɛ]
torre (f) petrolífera	burim nafte (m)	[burím náftɛ]
petroleiro (m)	anije-cisternë (f)	[aníjɛ-tsistérnə]

areia (f)	rërë (f)	[rə́rə]
calcário (m)	gur gëlqeror (m)	[gur gəlcɛrór]
cascalho (m)	zhavorr (m)	[ʒavór]
turfa (f)	torfë (f)	[tórfə]
argila (f)	argjilë (f)	[arɟílə]
carvão (m)	qymyr (m)	[cymýr]

ferro (m)	hekur (m)	[hékur]
ouro (m)	ar (m)	[ár]
prata (f)	argjend (m)	[arɟénd]
níquel (m)	nikel (m)	[nikél]
cobre (m)	bakër (m)	[bákər]

zinco (m)	zink (m)	[zink]
manganês (m)	mangan (m)	[maŋán]
mercúrio (m)	merkur (m)	[mɛrkúr]
chumbo (m)	plumb (m)	[plúmb]

mineral (m)	mineral (m)	[minɛrál]
cristal (m)	kristal (m)	[kristál]
mármore (m)	mermer (m)	[mɛrmér]
urânio (m)	uranium (m)	[uraniúm]

A Terra. Parte 2

133. Tempo

tempo (m)	moti (m)	[móti]
previsão (f) do tempo	parashikimi i motit (m)	[paraʃikími i mótit]
temperatura (f)	temperaturë (f)	[tɛmpɛratúrə]
termômetro (m)	termometër (m)	[tɛrmométər]
barômetro (m)	barometër (m)	[barométər]
úmido (adj)	i lagësht	[i lágəʃt]
umidade (f)	lagështi (f)	[lagəʃtí]
calor (m)	vapë (f)	[vápə]
tórrido (adj)	shumë nxehtë	[ʃúmə ndzéhtə]
está muito calor	është nxehtë	[éʃtə ndzéhtə]
está calor	është ngrohtë	[éʃtə ŋróhtə]
quente (morno)	ngrohtë	[ŋróhtə]
está frio	bën ftohtë	[bən ftóhtə]
frio (adj)	i ftohtë	[i ftóhtə]
sol (m)	diell (m)	[díɛɫ]
brilhar (vi)	ndriçon	[ndritʃón]
de sol, ensolarado	me diell	[mɛ díɛɫ]
nascer (vi)	agon	[agón]
pôr-se (vr)	perëndon	[pɛrəndón]
nuvem (f)	re (f)	[rɛ]
nublado (adj)	vranët	[vránət]
nuvem (f) preta	re shiu (f)	[rɛ ʃíu]
escuro, cinzento (adj)	vranët	[vránət]
chuva (f)	shi (m)	[ʃi]
está a chover	bie shi	[bíɛ ʃi]
chuvoso (adj)	me shi	[mɛ ʃi]
chuviscar (vi)	shi i imët	[ʃi i ímət]
chuva (f) torrencial	shi litar (m)	[ʃi litár]
aguaceiro (m)	stuhi shiu (f)	[stuhí ʃíu]
forte (chuva, etc.)	i fortë	[i fórtə]
poça (f)	brakë (f)	[brákə]
molhar-se (vr)	lagem	[lágɛm]
nevoeiro (m)	mjegull (f)	[mjéguɫ]
de nevoeiro	e mjegullt	[ɛ mjéguɫt]
neve (f)	borë (f)	[bórə]
está nevando	bie borë	[bíɛ bórə]

134. Tempo extremo. Catástrofes naturais

trovoada (f)	**stuhi** (f)	[stuhí]
relâmpago (m)	**vetëtimë** (f)	[vɛtətímə]
relampejar (vi)	**vetëton**	[vɛtətón]
trovão (m)	**bubullimë** (f)	[bubuɫímə]
trovejar (vi)	**bubullon**	[bubuɫón]
está trovejando	**bubullon**	[bubuɫón]
granizo (m)	**breshër** (m)	[bréʃər]
está caindo granizo	**po bie breshër**	[po biɛ bréʃər]
inundar (vt)	**përmbytet**	[pərmbýtɛt]
inundação (f)	**përmbytje** (f)	[pərmbýtjɛ]
terremoto (m)	**tërmet** (m)	[tərmét]
abalo, tremor (m)	**lëkundje** (f)	[ləkúndjɛ]
epicentro (m)	**epiqendër** (f)	[ɛpicéndər]
erupção (f)	**shpërthim** (m)	[ʃpərθím]
lava (f)	**llavë** (f)	[ɫávə]
tornado (m)	**vorbull** (f)	[vórbuɫ]
tornado (m)	**tornado** (f)	[tornádo]
tufão (m)	**tajfun** (m)	[tajfún]
furacão (m)	**uragan** (m)	[uragán]
tempestade (f)	**stuhi** (f)	[stuhí]
tsunami (m)	**cunam** (m)	[tsunám]
ciclone (m)	**ciklon** (m)	[tsiklón]
mau tempo (m)	**mot i keq** (m)	[mot i kɛc]
incêndio (m)	**zjarr** (m)	[zjar]
catástrofe (f)	**fatkeqësi** (f)	[fatkɛcəsí]
meteorito (m)	**meteor** (m)	[mɛtɛór]
avalanche (f)	**ortek** (m)	[orték]
deslizamento (m) de neve	**rrëshqitje bore** (f)	[rəʃcítjɛ bórɛ]
nevasca (f)	**stuhi bore** (f)	[stuhí bórɛ]
tempestade (f) de neve	**stuhi bore** (f)	[stuhí bórɛ]

Fauna

135. Mamíferos. Predadores

predador (m)	grabitqar (m)	[grabitcár]
tigre (m)	tigër (m)	[tígər]
leão (m)	luan (m)	[luán]
lobo (m)	ujk (m)	[ujk]
raposa (f)	dhelpër (f)	[ðélpər]
jaguar (m)	jaguar (m)	[jaguár]
leopardo (m)	leopard (m)	[lɛopárd]
chita (f)	gepard (m)	[gɛpárd]
pantera (f)	panterë e zezë (f)	[pantérə ɛ zézə]
puma (m)	puma (f)	[púma]
leopardo-das-neves (m)	leopard i borës (m)	[lɛopárd i bórəs]
lince (m)	rrëqebull (m)	[rəcébuɫ]
coiote (m)	kojotë (f)	[kojótə]
chacal (m)	çakall (m)	[tʃakáɫ]
hiena (f)	hienë (f)	[hiénə]

136. Animais selvagens

animal (m)	kafshë (f)	[káfʃə]
besta (f)	bishë (f)	[bíʃə]
esquilo (m)	ketër (m)	[kétər]
ouriço (m)	iriq (m)	[iríc]
lebre (f)	lepur i egër (m)	[lépur i égər]
coelho (m)	lepur (m)	[lépur]
texugo (m)	vjedull (f)	[vjéduɫ]
guaxinim (m)	rakun (m)	[rakún]
hamster (m)	hamster (m)	[hamstér]
marmota (f)	marmot (m)	[marmót]
toupeira (f)	urith (m)	[uríθ]
rato (m)	mi (m)	[mi]
ratazana (f)	mi (m)	[mi]
morcego (m)	lakuriq (m)	[lakuríc]
arminho (m)	herminë (f)	[hɛrmínə]
zibelina (f)	kunadhe (f)	[kunáðɛ]
marta (f)	shqarth (m)	[ʃcarθ]
doninha (f)	nuselalë (f)	[nusɛlálə]
visom (m)	vizon (m)	[vizón]

| castor (m) | kastor (m) | [kastór] |
| lontra (f) | vidër (f) | [vídər] |

cavalo (m)	kali (m)	[káli]
alce (m)	dre brilopatë (m)	[drɛ brilopátə]
veado (m)	dre (f)	[drɛ]
camelo (m)	deve (f)	[dévɛ]

bisão (m)	bizon (m)	[bizón]
auroque (m)	bizon evropian (m)	[bizón ɛvropián]
búfalo (m)	buall (m)	[búaɫ]

zebra (f)	zebër (f)	[zébər]
antílope (m)	antilopë (f)	[antilópə]
corça (f)	dre (f)	[drɛ]
gamo (m)	dre ugar (m)	[drɛ ugár]
camurça (f)	kamosh (m)	[kamóʃ]
javali (m)	derr i egër (m)	[dér i égər]

baleia (f)	balenë (f)	[balénə]
foca (f)	fokë (f)	[fókə]
morsa (f)	lopë deti (f)	[lópə déti]
urso-marinho (m)	fokë (f)	[fókə]
golfinho (m)	delfin (m)	[dɛlfín]

urso (m)	ari (m)	[arí]
urso (m) polar	ari polar (m)	[arí polár]
panda (m)	panda (f)	[pánda]

macaco (m)	majmun (m)	[majmún]
chimpanzé (m)	shimpanze (f)	[ʃimpánzɛ]
orangotango (m)	orangutan (m)	[oraŋután]
gorila (m)	gorillë (f)	[gorítə]
macaco (m)	majmun makao (m)	[majmún makáo]
gibão (m)	gibon (m)	[gibón]

elefante (m)	elefant (m)	[ɛlɛfánt]
rinoceronte (m)	rinoqeront (m)	[rinocɛrónt]
girafa (f)	gjirafë (f)	[ɟiráfə]
hipopótamo (m)	hipopotam (m)	[hipopotám]

| canguru (m) | kangur (m) | [kaŋúr] |
| coala (m) | koala (f) | [koála] |

mangusto (m)	mangustë (f)	[maŋústə]
chinchila (f)	çinçila (f)	[tʃintʃíla]
cangambá (f)	qelbës (m)	[célbəs]
porco-espinho (m)	ferrëgjatë (m)	[fɛrəɟátə]

137. Animais domésticos

gata (f)	mace (f)	[mátsɛ]
gato (m) macho	maçok (m)	[matʃók]
cão (m)	qen (m)	[cɛn]

cavalo (m)	kali (m)	[káli]
garanhão (m)	hamshor (m)	[hamʃór]
égua (f)	pelë (f)	[pélə]
vaca (f)	lopë (f)	[lópə]
touro (m)	dem (m)	[dém]
boi (m)	ka (m)	[ka]
ovelha (f)	dele (f)	[délɛ]
carneiro (m)	dash (m)	[daʃ]
cabra (f)	dhi (f)	[ði]
bode (m)	cjap (m)	[tsjáp]
burro (m)	gomar (m)	[gomár]
mula (f)	mushkë (f)	[múʃkə]
porco (m)	derr (m)	[dɛr]
leitão (m)	derrkuc (m)	[dɛrkúts]
coelho (m)	lepur (m)	[lépur]
galinha (f)	pulë (f)	[púlə]
galo (m)	gjel (m)	[ɟél]
pata (f), pato (m)	rosë (f)	[rósə]
pato (m)	rosak (m)	[rosák]
ganso (m)	patë (f)	[pátə]
peru (m)	gjel deti i egër (m)	[ɟél déti i égər]
perua (f)	gjel deti (m)	[ɟél déti]
animais (m pl) domésticos	kafshë shtëpiake (f)	[káfʃə ʃtəpiákɛ]
domesticado (adj)	i zbutur	[i zbútur]
domesticar (vt)	zbus	[zbus]
criar (vt)	rrit	[rit]
fazenda (f)	fermë (f)	[férmə]
aves (f pl) domésticas	pulari (f)	[pularí]
gado (m)	bagëti (f)	[bagətí]
rebanho (m), manada (f)	kope (f)	[kopé]
estábulo (m)	stallë (f)	[stáłə]
chiqueiro (m)	stallë e derrave (f)	[stáłə ɛ déravɛ]
estábulo (m)	stallë e lopëve (f)	[stáłə ɛ lópəvɛ]
coelheira (f)	kolibe lepujsh (f)	[kolíbɛ lépujʃ]
galinheiro (m)	kotec (m)	[kotéts]

138. Pássaros

pássaro (m), ave (f)	zog (m)	[zog]
pombo (m)	pëllumb (m)	[pəɫúmb]
pardal (m)	harabel (m)	[harabél]
chapim-real (m)	xhixhimës (m)	[dʒidʒimés]
pega-rabuda (f)	laraskë (f)	[laráskə]
corvo (m)	korb (m)	[korb]

gralha-cinzenta (f)	sorrë (f)	[sórə]
gralha-de-nuca-cinzenta (f)	galë (f)	[gálə]
gralha-calva (f)	sorrë (f)	[sórə]
pato (m)	rosë (f)	[rósə]
ganso (m)	patë (f)	[pátə]
faisão (m)	fazan (m)	[fazán]
águia (f)	shqiponjë (f)	[ʃcipóɲə]
açor (m)	gjeraqinë (f)	[ɟɛracínə]
falcão (m)	fajkua (f)	[fajkúa]
abutre (m)	hutë (f)	[hútə]
condor (m)	kondor (m)	[kondór]
cisne (m)	mjellmë (f)	[mjéɫmə]
grou (m)	lejlek (m)	[lɛjlék]
cegonha (f)	lejlek (m)	[lɛjlék]
papagaio (m)	papagall (m)	[papagáɫ]
beija-flor (m)	kolibri (m)	[kolíbri]
pavão (m)	pallua (m)	[paɫúa]
avestruz (m)	struc (m)	[struts]
garça (f)	çafkë (f)	[tʃáfkə]
flamingo (m)	flamingo (m)	[flamíɲo]
pelicano (m)	pelikan (m)	[pɛlikán]
rouxinol (m)	bilbil (m)	[bilbíl]
andorinha (f)	dallëndyshe (f)	[daɫəndýʃɛ]
tordo-zornal (m)	mëllenjë (f)	[məɫéɲə]
tordo-músico (m)	grifsha (f)	[grífʃa]
melro-preto (m)	mëllenjë (f)	[məɫéɲə]
andorinhão (m)	dallëndyshe (f)	[daɫəndýʃɛ]
cotovia (f)	thëllëzë (f)	[θəɫézə]
codorna (f)	trumcak (m)	[trumtsák]
pica-pau (m)	qukapik (m)	[cukapík]
cuco (m)	kukuvajkë (f)	[kukuvájkə]
coruja (f)	buf (m)	[buf]
bufo-real (m)	buf mbretëror (m)	[buf mbrɛtərór]
tetraz-grande (m)	fazan i pyllit (m)	[fazán i pýɫit]
tetraz-lira (m)	fazan i zi (m)	[fazán i zí]
perdiz-cinzenta (f)	thëllëzë (f)	[θəɫézə]
estorninho (m)	gargull (m)	[gárguɫ]
canário (m)	kanarinë (f)	[kanarínə]
galinha-do-mato (f)	fazan mali (m)	[fazán máli]
tentilhão (m)	trishtil (m)	[triʃtíl]
dom-fafe (m)	trishtil dimri (m)	[triʃtíl dímri]
gaivota (f)	pulëbardhë (f)	[puləbárðə]
albatroz (m)	albatros (m)	[albatrós]
pinguim (m)	penguin (m)	[pɛɲuín]

139. Peixes. Animais marinhos

brema (f)	krapuliq (m)	[krapulíc]
carpa (f)	krap (m)	[krap]
perca (f)	perç (m)	[pɛrtʃ]
siluro (m)	mustak (m)	[musták]
lúcio (m)	mlysh (m)	[mlýʃ]
salmão (m)	salmon (m)	[salmón]
esturjão (m)	bli (m)	[blí]
arenque (m)	harengë (f)	[haréŋə]
salmão (m) do Atlântico	salmon Atlantiku (m)	[salmón atlantíku]
cavala, sarda (f)	skumbri (m)	[skúmbri]
solha (f), linguado (m)	shojzë (f)	[ʃójzə]
lúcio perca (m)	troftë (f)	[tróftə]
bacalhau (m)	merluc (m)	[mɛrlúts]
atum (m)	tunë (f)	[túnə]
truta (f)	troftë (f)	[tróftə]
enguia (f)	ngjalë (f)	[ɲJ́álə]
raia (f) elétrica	peshk elektrik (m)	[pɛʃk ɛlɛktrík]
moreia (f)	ngjalë morel (f)	[ɲJ́álə morél]
piranha (f)	piranja (f)	[piráɲa]
tubarão (m)	peshkaqen (m)	[pɛʃkacén]
golfinho (m)	delfin (m)	[dɛlfín]
baleia (f)	balenë (f)	[balénə]
caranguejo (m)	gaforre (f)	[gafórɛ]
água-viva (f)	kandil deti (m)	[kandíl déti]
polvo (m)	oktapod (m)	[oktapód]
estrela-do-mar (f)	yll deti (m)	[yɫ déti]
ouriço-do-mar (m)	iriq deti (m)	[iríc déti]
cavalo-marinho (m)	kalë deti (m)	[kálə déti]
ostra (f)	midhje (f)	[míðjɛ]
camarão (m)	karkalec (m)	[karkaléts]
lagosta (f)	karavidhe (f)	[karavíðɛ]
lagosta (f)	karavidhe (f)	[karavíðɛ]

140. Anfíbios. Répteis

cobra (f)	gjarpër (m)	[J́árpər]
venenoso (adj)	helmues	[hɛlmúɛs]
víbora (f)	nepërka (f)	[nɛpérka]
naja (f)	kobra (f)	[kóbra]
píton (m)	piton (m)	[pitón]
jiboia (f)	boa (f)	[bóa]
cobra-de-água (f)	kular (m)	[kulár]

cascavel (f)	gjarpër me zile (m)	[ɟárpər mɛ zílɛ]
anaconda (f)	anakonda (f)	[anakónda]

lagarto (m)	hardhucë (f)	[harðútsə]
iguana (f)	iguana (f)	[iguána]
varano (m)	varan (m)	[varán]
salamandra (f)	salamandër (f)	[salamándər]
camaleão (m)	kameleon (m)	[kamɛlɛón]
escorpião (m)	akrep (m)	[akrép]

tartaruga (f)	breshkë (f)	[bréʃkə]
rã (f)	bretkosë (f)	[brɛtkósə]
sapo (m)	zhabë (f)	[ʒábə]
crocodilo (m)	krokodil (m)	[krokodíl]

141. Insetos

inseto (m)	insekt (m)	[insékt]
borboleta (f)	flutur (f)	[flútur]
formiga (f)	milingonë (f)	[miliŋónə]
mosca (f)	mizë (f)	[mízə]
mosquito (m)	mushkonjë (f)	[muʃkóɲə]
escaravelho (m)	brumbull (m)	[brúmbuɫ]

vespa (f)	grerëz (f)	[grérəz]
abelha (f)	bletë (f)	[blétə]
mamangaba (f)	greth (m)	[grɛθ]
moscardo (m)	zekth (m)	[zɛkθ]

aranha (f)	merimangë (f)	[mɛrimáɲə]
teia (f) de aranha	rrjetë merimange (f)	[rjétə mɛrimáɲɛ]

libélula (f)	pilivesë (f)	[pilivésə]
gafanhoto (m)	karkalec (m)	[karkaléts]
traça (f)	molë (f)	[mólə]

barata (f)	kacabu (f)	[katsabú]
carrapato (m)	rriqër (m)	[rícər]
pulga (f)	plesht (m)	[plɛʃt]
borrachudo (m)	mushicë (f)	[muʃítsə]

gafanhoto (m)	gjinkallë (f)	[ɟinkáɫə]
caracol (m)	kërmill (m)	[kərmíɫ]
grilo (m)	bulkth (m)	[búlkθ]
pirilampo, vaga-lume (m)	xixëllonjë (f)	[dzidzəɫóɲə]
joaninha (f)	mollëkuqe (f)	[moɫəkúcɛ]
besouro (m)	vizhë (f)	[víʒə]

sanguessuga (f)	shushunjë (f)	[ʃuʃúɲə]
lagarta (f)	vemje (f)	[vémjɛ]
minhoca (f)	krimb toke (m)	[krímb tókɛ]
larva (f)	larvë (f)	[lárvə]

Flora

142. Árvores

árvore (f)	pemë (f)	[pémə]
decídua (adj)	gjethor	[ɟɛθór]
conífera (adj)	halor	[halór]
perene (adj)	përherë të gjelbra	[pərhérə tə ɟélbra]

macieira (f)	pemë molle (f)	[pémə móɬɛ]
pereira (f)	pemë dardhe (f)	[pémə dárðɛ]
cerejeira (f)	pemë qershie (f)	[pémə cɛrʃíɛ]
ginjeira (f)	pemë qershi vishnje (f)	[pémə cɛrʃí víʃɲɛ]
ameixeira (f)	pemë kumbulle (f)	[pémə kúmbuɬɛ]

bétula (f)	mështekna (f)	[məʃtékna]
carvalho (m)	lis (m)	[lis]
tília (f)	bli (m)	[blí]
choupo-tremedor (m)	plep i egër (m)	[plɛp i égər]
bordo (m)	panjë (f)	[páɲə]
espruce (m)	bredh (m)	[brɛð]
pinheiro (m)	pishë (f)	[píʃə]
alerce, lariço (m)	larsh (m)	[lárʃ]
abeto (m)	bredh i bardhë (m)	[brɛð i bárðə]
cedro (m)	kedër (m)	[kédər]

choupo, álamo (m)	plep (m)	[plɛp]
tramazeira (f)	vadhë (f)	[váðə]
salgueiro (m)	shelg (m)	[ʃɛlg]
amieiro (m)	verr (m)	[vɛr]
faia (f)	ah (m)	[ah]
ulmeiro, olmo (m)	elm (m)	[élm]
freixo (m)	shelg (m)	[ʃɛlg]
castanheiro (m)	gështenjë (f)	[gəʃtéɲə]

magnólia (f)	manjolia (f)	[maɲólia]
palmeira (f)	palma (f)	[pálma]
cipreste (m)	qiparis (m)	[ciparís]

mangue (m)	rizoforë (f)	[rizofórə]
embondeiro, baobá (m)	baobab (m)	[baobáb]
eucalipto (m)	eukalipt (m)	[ɛukalípt]
sequoia (f)	sekuojë (f)	[sɛkuójə]

143. Arbustos

arbusto (m)	shkurre (f)	[ʃkúrɛ]
arbusto (m), moita (f)	kaçube (f)	[katʃúbɛ]

videira (f)	hardhi (f)	[harðí]
vinhedo (m)	vreshtë (f)	[vréʃtə]

framboeseira (f)	mjedër (f)	[mjédər]
groselheira-negra (f)	kaliboba e zezë (f)	[kalibóba ɛ zézə]
groselheira-vermelha (f)	kaliboba e kuqe (f)	[kalibóba ɛ kúcɛ]
groselheira (f) espinhosa	shkurre kulumbrie (f)	[ʃkúrɛ kulumbríɛ]

acácia (f)	akacie (f)	[akátsiɛ]
bérberis (f)	krespinë (f)	[krɛspínə]
jasmim (m)	jasemin (m)	[jasɛmín]

junípero (m)	dëllinjë (f)	[dəɫíɲə]
roseira (f)	trëndafil (m)	[trəndafíl]
roseira (f) brava	trëndafil i egër (m)	[trəndafíl i égər]

144. Frutos. Bagas

fruta (f)	frut (m)	[frut]
frutas (f pl)	fruta (pl)	[frúta]

maçã (f)	mollë (f)	[móɫə]
pera (f)	dardhë (f)	[dárðə]
ameixa (f)	kumbull (f)	[kúmbuɫ]

morango (m)	luleshtrydhe (f)	[lulɛʃtrýðɛ]
ginja (f)	qershi vishnje (f)	[cɛrʃí víʃɲɛ]
cereja (f)	qershi (f)	[cɛrʃí]
uva (f)	rrush (m)	[ruʃ]

framboesa (f)	mjedër (f)	[mjédər]
groselha (f) negra	kaliboba e zezë (f)	[kalibóba ɛ zézə]
groselha (f) vermelha	kaliboba e kuqe (f)	[kalibóba ɛ kúcɛ]
groselha (f) espinhosa	kulumbri (f)	[kulumbrí]
oxicoco (m)	boronica (f)	[boronítsa]

laranja (f)	portokall (m)	[portokáɫ]
tangerina (f)	mandarinë (f)	[mandarínə]
abacaxi (m)	ananas (m)	[ananás]
banana (f)	banane (f)	[banánɛ]
tâmara (f)	hurmë (f)	[húrmə]

limão (m)	limon (m)	[limón]
damasco (m)	kajsi (f)	[kajsí]
pêssego (m)	pjeshkë (f)	[pjéʃkə]

quiuí (m)	kivi (m)	[kívi]
toranja (f)	grejpfrut (m)	[grɛjpfrút]

baga (f)	manë (f)	[mánə]
bagas (f pl)	mana (f)	[mána]
arando (m) vermelho	boronicë mirtile (f)	[boronítsə mirtílɛ]
morango-silvestre (m)	luleshtrydhe e egër (f)	[lulɛʃtrýðɛ ɛ égər]
mirtilo (m)	boronicë (f)	[boronítsə]

145. Flores. Plantas

flor (f)	lule (f)	[lúlɛ]
buquê (m) de flores	buqetë (f)	[bucétə]
rosa (f)	trëndafil (m)	[trəndafíl]
tulipa (f)	tulipan (m)	[tulipán]
cravo (m)	karafil (m)	[karafíl]
gladíolo (m)	gladiolë (f)	[gladiólə]
centáurea (f)	lule misri (f)	[lúlɛ mísri]
campainha (f)	lule këmborë (f)	[lúlɛ kəmbórə]
dente-de-leão (m)	luleradhiqe (f)	[lulɛraðícɛ]
camomila (f)	kamomil (m)	[kamomíl]
aloé (m)	aloe (f)	[alóɛ]
cacto (m)	kaktus (m)	[kaktús]
fícus (m)	fikus (m)	[fíkus]
lírio (m)	zambak (m)	[zambák]
gerânio (m)	barbarozë (f)	[barbarózə]
jacinto (m)	zymbyl (m)	[zymbýl]
mimosa (f)	mimoza (f)	[mimóza]
narciso (m)	narcis (m)	[nartsís]
capuchinha (f)	lule këmbore (f)	[lúlɛ kəmbórɛ]
orquídea (f)	orkide (f)	[orkidé]
peônia (f)	bozhure (f)	[boʒúrɛ]
violeta (f)	vjollcë (f)	[vjółtsə]
amor-perfeito (m)	lule vjollca (f)	[lúlɛ vjółtsa]
não-me-esqueças (m)	mosmëharro (f)	[mosməharó]
margarida (f)	margaritë (f)	[margarítə]
papoula (f)	lulëkuqe (f)	[luləkúcɛ]
cânhamo (m)	kërp (m)	[kə́rp]
hortelã, menta (f)	mendër (f)	[méndər]
lírio-do-vale (m)	zambak i fushës (m)	[zambák i fúʃəs]
campânula-branca (f)	luleborë (f)	[lulɛbórə]
urtiga (f)	hithra (f)	[híθra]
azedinha (f)	lëpjeta (f)	[ləpjéta]
nenúfar (m)	zambak uji (m)	[zambák új̃i]
samambaia (f)	fier (m)	[fíɛr]
líquen (m)	likene (f)	[likénɛ]
estufa (f)	serrë (f)	[sérə]
gramado (m)	lëndinë (f)	[ləndínə]
canteiro (m) de flores	kënd lulishteje (m)	[kənd lulíʃtɛjɛ]
planta (f)	bimë (f)	[bímə]
grama (f)	bar (m)	[baɾ]
folha (f) de grama	fije bari (f)	[fíjɛ bári]

folha (f)	gjeth (m)	[ɟɛθ]
pétala (f)	petale (f)	[pɛtálɛ]
talo (m)	bisht (m)	[biʃt]
tubérculo (m)	zhardhok (m)	[ʒarðók]

| broto, rebento (m) | filiz (m) | [filíz] |
| espinho (m) | gjemb (m) | [ɟémb] |

florescer (vi)	lulëzoj	[luləzój]
murchar (vi)	vyshket	[výʃkɛt]
cheiro (m)	aromë (f)	[arómə]
cortar (flores)	pres lulet	[prɛs lúlɛt]
colher (uma flor)	mbledh lule	[mbléð lúlɛ]

146. Cereais, grãos

grão (m)	drithë (m)	[dríθə]
cereais (plantas)	drithëra (pl)	[dríθəra]
espiga (f)	kaush (m)	[kaúʃ]

trigo (m)	grurë (f)	[grúrə]
centeio (m)	thekër (f)	[θékər]
aveia (f)	tërshërë (f)	[tərʃérə]
painço (m)	mel (m)	[mɛl]
cevada (f)	elb (m)	[ɛlb]

milho (m)	misër (m)	[mísər]
arroz (m)	oriz (m)	[oríz]
trigo-sarraceno (m)	hikërr (m)	[híkər]

ervilha (f)	bizele (f)	[bizélɛ]
feijão (m) roxo	groshë (f)	[gróʃə]
soja (f)	sojë (f)	[sójə]
lentilha (f)	thjerrëz (f)	[θjérəz]
feijão (m)	fasule (f)	[fasúlɛ]

PAÍSES. NACIONALIDADES

147. Europa Ocidental

Europa (f)	Evropa (f)	[εvrópa]
União (f) Europeia	Bashkimi Evropian (m)	[baʃkími εvropián]
Áustria (f)	Austri (f)	[austrí]
Grã-Bretanha (f)	Britani e Madhe (f)	[brítani ε máðε]
Inglaterra (f)	Angli (f)	[aŋlí]
Bélgica (f)	Belgjikë (f)	[bεʎíkə]
Alemanha (f)	Gjermani (f)	[ɟεrmaní]
Países Baixos (m pl)	Holandë (f)	[holándə]
Holanda (f)	Holandë (f)	[holándə]
Grécia (f)	Greqi (f)	[grεcí]
Dinamarca (f)	Danimarkë (f)	[danimárkə]
Irlanda (f)	Irlandë (f)	[irlándə]
Islândia (f)	Islandë (f)	[islándə]
Espanha (f)	Spanjë (f)	[spáɲə]
Itália (f)	Itali (f)	[italí]
Chipre (m)	Qipro (f)	[cípro]
Malta (f)	Maltë (f)	[máltə]
Noruega (f)	Norvegji (f)	[norvεɟí]
Portugal (m)	Portugali (f)	[portugalí]
Finlândia (f)	Finlandë (f)	[finlándə]
França (f)	Francë (f)	[frántsə]
Suécia (f)	Suedi (f)	[suεdí]
Suíça (f)	Zvicër (f)	[zvítsər]
Escócia (f)	Skoci (f)	[skotsí]
Vaticano (m)	Vatikan (m)	[vatikán]
Liechtenstein (m)	Lichtenstein (m)	[litshtεnstéin]
Luxemburgo (m)	Luksemburg (m)	[luksεmbúrg]
Mônaco (m)	Monako (f)	[monáko]

148. Europa Central e de Leste

Albânia (f)	Shqipëri (f)	[ʃcipərí]
Bulgária (f)	Bullgari (f)	[buɫgarí]
Hungria (f)	Hungari (f)	[huŋarí]
Letônia (f)	Letoni (f)	[lεtoní]
Lituânia (f)	Lituani (f)	[lituaní]
Polônia (f)	Poloni (f)	[poloní]

Romênia (f)	**Rumani** (f)	[rumaní]
Sérvia (f)	**Serbi** (f)	[sɛrbí]
Eslováquia (f)	**Sllovaki** (f)	[słovakí]
Croácia (f)	**Kroaci** (f)	[kroatsí]
República (f) Checa	**Republika Çeke** (f)	[rɛpublíka tʃékɛ]
Estônia (f)	**Estoni** (f)	[ɛstoní]
Bósnia e Herzegovina (f)	**Bosnje Herzegovina** (f)	[bósɲɛ hɛrzɛgovína]
Macedônia (f)	**Maqedonia** (f)	[macɛdonía]
Eslovênia (f)	**Sllovenia** (f)	[słovɛnía]
Montenegro (m)	**Mali i Zi** (m)	[máli i zí]

149. Países da ex-URSS

Azerbaijão (m)	**Azerbajxhan** (m)	[azɛrbajdʒán]
Armênia (f)	**Armeni** (f)	[armɛní]
Belarus	**Bjellorusi** (f)	[bjɛłorusí]
Geórgia (f)	**Gjeorgji** (f)	[ɟɛorɟí]
Cazaquistão (m)	**Kazakistan** (m)	[kazakistán]
Quirguistão (m)	**Kirgistan** (m)	[kirgistán]
Moldávia (f)	**Moldavi** (f)	[moldaví]
Rússia (f)	**Rusi** (f)	[rusí]
Ucrânia (f)	**Ukrainë** (f)	[ukraínə]
Tajiquistão (m)	**Taxhikistan** (m)	[tadʒikistán]
Turquemenistão (m)	**Turkmenistan** (m)	[turkmɛnistán]
Uzbequistão (f)	**Uzbekistan** (m)	[uzbɛkistán]

150. Asia

Ásia (f)	**Azia** (f)	[azía]
Vietnã (m)	**Vietnam** (m)	[viɛtnám]
Índia (f)	**Indi** (f)	[indí]
Israel (m)	**Izrael** (m)	[izraél]
China (f)	**Kinë** (f)	[kínə]
Líbano (m)	**Liban** (m)	[libán]
Mongólia (f)	**Mongoli** (f)	[moɲolí]
Malásia (f)	**Malajzi** (f)	[malajzí]
Paquistão (m)	**Pakistan** (m)	[pakistán]
Arábia (f) Saudita	**Arabia Saudite** (f)	[arabía saudítɛ]
Tailândia (f)	**Tajlandë** (f)	[tajlándə]
Taiwan (m)	**Tajvan** (m)	[tajván]
Turquia (f)	**Turqi** (f)	[turcí]
Japão (m)	**Japoni** (f)	[japoní]
Afeganistão (m)	**Afganistan** (m)	[afganistán]
Bangladesh (m)	**Bangladesh** (m)	[baɲladéʃ]

Indonésia (f)	**Indonezi** (f)	[indonɛzí]
Jordânia (f)	**Jordani** (f)	[jordaní]
Iraque (m)	**Irak** (m)	[irak]
Irã (m)	**Iran** (m)	[irán]
Camboja (f)	**Kamboxhia** (f)	[kambódʒia]
Kuwait (m)	**Kuvajt** (m)	[kuvájt]
Laos (m)	**Laos** (m)	[láos]
Birmânia (f)	**Mianmar** (m)	[mianmár]
Nepal (m)	**Nepal** (m)	[nɛpál]
Emirados Árabes Unidos	**Emiratet e Bashkuara Arabe** (pl)	[ɛmirátɛt ɛ baʃkúara arábɛ]
Síria (f)	**Siri** (f)	[sirí]
Palestina (f)	**Palestinë** (f)	[palɛstínə]
Coreia (f) do Sul	**Korea e Jugut** (f)	[koréa ɛ júgut]
Coreia (f) do Norte	**Korea e Veriut** (f)	[koréa ɛ vériut]

151. América do Norte

Estados Unidos da América	**Shtetet e Bashkuara të Amerikës**	[ʃtétɛt ɛ baʃkúara tə amɛríkəs]
Canadá (m)	**Kanada** (f)	[kanadá]
México (m)	**Meksikë** (f)	[mɛksíkə]

152. América Central do Sul

Argentina (f)	**Argjentinë** (f)	[arɟɛntínə]
Brasil (m)	**Brazil** (m)	[brazíl]
Colômbia (f)	**Kolumbi** (f)	[kolumbí]
Cuba (f)	**Kuba** (f)	[kúba]
Chile (m)	**Kili** (m)	[kíli]
Bolívia (f)	**Bolivi** (f)	[boliví]
Venezuela (f)	**Venezuelë** (f)	[vɛnɛzuélə]
Paraguai (m)	**Paraguai** (m)	[paraguái]
Peru (m)	**Peru** (f)	[pɛrú]
Suriname (m)	**Surinam** (m)	[surinám]
Uruguai (m)	**Uruguai** (m)	[uruguái]
Equador (m)	**Ekuador** (m)	[ɛkuadór]
Bahamas (f pl)	**Bahamas** (m)	[bahámas]
Haiti (m)	**Haiti** (m)	[haíti]
República Dominicana	**Republika Dominikane** (f)	[rɛpublíka dominikánɛ]
Panamá (m)	**Panama** (f)	[panamá]
Jamaica (f)	**Xhamajka** (f)	[dʒamájka]

153. Africa

Egito (m)	Egjipt (m)	[εʝípt]
Marrocos	Marok (m)	[marók]
Tunísia (f)	Tunizi (f)	[tunizí]
Gana (f)	Gana (f)	[gána]
Zanzibar (m)	Zanzibar (m)	[zanzibár]
Quênia (f)	Kenia (f)	[kénia]
Líbia (f)	Libia (f)	[libía]
Madagascar (m)	Madagaskar (m)	[madagaskár]
Namíbia (f)	Namibia (f)	[namíbia]
Senegal (m)	Senegal (m)	[sɛnɛgál]
Tanzânia (f)	Tanzani (f)	[tanzaní]
África (f) do Sul	Afrika e Jugut (f)	[afríka ɛ júgut]

154. Austrália. Oceania

Austrália (f)	Australia (f)	[australía]
Nova Zelândia (f)	Zelandë e Re (f)	[zɛlándə ɛ ré]
Tasmânia (f)	Tasmani (f)	[tasmaní]
Polinésia (f) Francesa	Polinezia Franceze (f)	[polinɛzía frantsézɛ]

155. Cidades

Amesterdã, Amsterdã	Amsterdam (m)	[amstɛrdám]
Ancara	Ankara (f)	[ankará]
Atenas	Athinë (f)	[aθínə]
Bagdade	Bagdad (m)	[bagdád]
Bancoque	Bangkok (m)	[baŋkók]
Barcelona	Barcelonë (f)	[bartsɛlónə]
Beirute	Bejrut (m)	[bɛjrút]
Berlim	Berlin (m)	[bɛrlín]
Bonn	Bon (m)	[bon]
Bordéus	Bordo (f)	[bordó]
Bratislava	Bratislavë (f)	[bratislávə]
Bruxelas	Bruksel (m)	[bruksél]
Bucareste	Bukuresht (m)	[bukuréʃt]
Budapeste	Budapest (m)	[budapést]
Cairo	Kajro (f)	[kájro]
Calcutá	Kalkutë (f)	[kalkútə]
Chicago	Çikago (f)	[tʃikágo]
Cidade do México	Meksiko Siti (m)	[méksiko síti]
Copenhague	Kopenhagen (m)	[kopɛnhágɛn]
Dar es Salaam	Dar es Salam (m)	[dar ɛs salám]
Deli	Delhi (f)	[délhi]

Dubai	Dubai (m)	[dubái]
Dublim	Dublin (m)	[dúblin]
Düsseldorf	Dyseldorf (m)	[dysɛldórʃ]
Estocolmo	Stokholm (m)	[stokhólm]
Florença	Firence (f)	[firéntsɛ]
Frankfurt	Frankfurt (m)	[frankfúrt]
Genebra	Gjenevë (f)	[ɟɛnévə]
Haia	Hagë (f)	[hágə]
Hamburgo	Hamburg (m)	[hambúrg]
Hanói	Hanoi (m)	[hanói]
Havana	Havana (f)	[havána]
Helsinque	Helsinki (m)	[hɛlsínki]
Hiroshima	Hiroshimë (f)	[hiroʃímə]
Hong Kong	Hong Kong (m)	[hoŋ kóŋ]
Istambul	Stamboll (m)	[stambóɫ]
Jerusalém	Jerusalem (m)	[jɛrusalém]
Kiev, Quieve	Kiev (m)	[kíɛv]
Kuala Lumpur	Kuala Lumpur (m)	[kuála lumpúr]
Lion	Lion (m)	[lión]
Lisboa	Lisbonë (f)	[lisbónə]
Londres	Londër (f)	[lóndər]
Los Angeles	Los Anxhelos (m)	[lós andʒɛlós]
Madrid	Madrid (m)	[madríd]
Marselha	Marsejë (f)	[marséjə]
Miami	Majami (m)	[majámi]
Montreal	Montreal (m)	[montrɛál]
Moscou	Moskë (f)	[móskə]
Mumbai	Mumbai (m)	[mumbái]
Munique	Munih (m)	[muníh]
Nairóbi	Najrobi (m)	[najróbi]
Nápoles	Napoli (m)	[nápoli]
Nice	Nisë (m)	[nísə]
Nova York	Nju Jork (m)	[ɲu jork]
Oslo	oslo (f)	[óslo]
Ottawa	Otava (f)	[otáva]
Paris	Paris (m)	[parís]
Pequim	Pekin (m)	[pɛkín]
Praga	Pragë (f)	[prágə]
Rio de Janeiro	Rio de Zhaneiro (m)	[río dɛ ʒanéiro]
Roma	Romë (f)	[rómə]
São Petersburgo	Shën Petersburg (m)	[ʃən pɛtɛrsbúrg]
Seul	Seul (m)	[sɛúl]
Singapura	Singapor (m)	[siɲapór]
Sydney	Sidney (m)	[sidnéy]
Taipé	Taipei (m)	[taipéi]
Tóquio	Tokio (f)	[tókio]
Toronto	Toronto (f)	[torónto]
Varsóvia	Varshavë (f)	[varʃávə]

Veneza	**Venecia** (f)	[vɛnétsia]
Viena	**Vjenë** (f)	[vjénə]
Washington	**Uashington** (m)	[vaʃiŋtón]
Xangai	**Shangai** (m)	[ʃaŋái]

www.ingramcontent.com/pod-product-compliance
Lightning Source LLC
LaVergne TN
LVHW051741080426
835511LV00018B/3173